KB077756

일본 요식업계의 전설, 술장사의 신,
「우노 다카시」가 들려주는 실전에 강한 장사 비결!

WARAU MISENIWA KYAKU KITARU TANOSHIMU YATSU NIWA FUKUGA MAU
by Takashi Uno.
Copyright ⓒ 2013 by Takashi Uno. All rights reserved.
Originally published in Japan by Nikkei Business Publications, Inc.
Korean translation rights arranged with Nikkei Business Publications, Inc. through
Tuttle-Mori Agency, Tokyo and Yu Ri Jang Literary Agency, Seoul.

이 책의 한국어판 저작권은 유·리·장 에이전시를 통한
저작권자와의 독점계약으로 쌤앤파커스에 있습니다.
저작권법에 의해 한국 내에서 보호를 받는 저작물이므로 무단 전재와 무단 복제를 금합니다.

우노 다카시 지음 | 김영주 옮김

장사의 神_신

실천편

일본 요식업계의 전설, 술장사의 신,
「우노 다카시」가 들려주는 실전에 강한 장사 비결!

쌤앤^앤파커스

일러두기 ··

1. 이 책은 일본의 외식시장 트렌드를 반영하는 인기 잡지 〈닛케이 레스토랑〉에 저자가 2011년 1월
   호부터 2013년 9월호까지 연재한'우노 다카시가 알려주는 작은 가게 잘되는 법'을 가필, 수정,
   추가하여 출간한 책입니다.
2. 이 책에서는 일본의 화폐인'엔'화를 그대로 표기하였습니다. 2014년 7월을 기준으로 100엔은 약
   1,005원입니다.

장사를 하려는 이들에게.
모든 이에게 기회는 있다.
조금도 어려운 일이 아니다.
오늘 처음 배운 사람도 얼마든지 장사를 할 수 있다.
그리고 장사를 하면 결국 행복해진다.

"당신도 얼마든지 장사의 신이 될 수 있습니다!"

일본 요식업계의 전설, 이자카야의 원조, 손대는 선술집마다 대박을 내는 장사의 신… 이 책의 저자 우노 다카시를 따라다니는 수식어다. 도쿄에서만 무려 20곳의 가게를 운영하는 데다 한 해 벌어들이는 돈만 200억 원을 넘는다고 하니, 그야말로 '장사의 신'이라는 칭호가 무색하지 않게 느껴진다. 그러나 사람들이 입을 모아 그를 장사의 신이라 부르는 이유는 정작 따로 있다. 바로 장사에 임하는 그의 태도 때문이다.

그는 자신의 인생 모토를 '일소일배'(一笑一盃, 하루에 한 번은 웃으면서 마시자)라고 할 만큼, 장사의 즐거움과 편안함을 강조한다. 실제 우노의 성공 비결을 들여다보면, '재미'에서 시작해 '재미'로 끝난다고 해도 과언이 아니다.

자기가 원해서 시작한 일인데 즐겁게 일하는 것이 뭐 그리 어렵냐고 생각하는 분도 계실지 모르겠다. 그러나 장사는 현실이다. 아무리 자진해서 벌인 일이라도, 하고 싶은 일이 '해야 할 일'로 변하는 순간, 이야기는 달라진다. 대부분의 사람들이 처음에는 기쁘고 설레는 마음으로, 혹은 두려움 반 기대 반으로 장사에 뛰어든다. 그러나 많은 이들이 처음 품은 포부와 달리 예상치 못한 어려움을 겪으면서, 어느덧 웃음기가 사라지고 초조함만 남아 있는 사장으로 변해가곤 한다.

그러나 내가 즐거워야 손님도 즐거운 법. 우노는 아무리 어려운 상황이라도, 아니 어려운 상황일수록 '어떤 가게를 해야 잘될까?'만 궁리하지 말고, '어떤 가게를 해야 내가 진심으로 즐거울 수 있을까?'를 고민하라고 당부한다. 내가 즐거워야 손님에게도 끊임없이 '정성'을 쏟고 관심을 기울일 수 있다. 술장사라면 따뜻한 밥을 지어 먹이는 마음으로 따뜻한 술 한 잔을 대접해야 손님이 찾아온다는 것이 그의 지론. 책의 한 마디 한 마디가 허투루 넘길 수 없는 날카로운 조언임에도 불구하고, 유독 따뜻하고 친근하게 들리는 까닭이다.

엄밀히 따지자면 세상에 장사를 잘하는 사람은 많다. 높은 매출을 올리고, 기업을 키우고, 가게 하나로 대대손손 큰돈을 버는 사람들. 그러나 우노는 조금 다르다. 무엇보다 장사의 진입 장벽을 낮추는 데 톡톡한 역할을 했다는 점에서 눈여겨볼 법하다. 그는 "토마토를 자를 수 있다면 밥집을 열 수 있고, 병뚜껑을 딸 수 있다면 술집을 할 수 있다."는 말로, 많은 이들에게 장사를 잘할 수 있다는 용기와 희망을 불어넣는다. 실제 그와 함께 일하는 직원들은 그를 모두 '아버지'라 부르며, 그가 키워낸 선술집 사장만 무려 200명이 넘는다고 한다. 이 쯤 되면 진정한 '장사의 신'이라고 인정할 수밖에.

그런데 과연 우노의 말처럼 장사는 쉽고 재미있는 것일까? 그렇기도 하고 아니기도 하다. 확신할 수 있는 것은, 다른 사람들의 천편일률적인 노하우가 아닌 '자기만의 철학'을 갖는다면 장사가 훨씬 즐겁고 쉬워진다는 사실이다. 《장사의 신》을 읽다 보면 업종이나 분야와 상관없이 적용할 수 있는 우노 특유의 비결들이 눈에 띄는데, 그 중 하나가 고정관념을 깨려는 시도와 노력이다.

흔히 가게는 목이 생명이라고 한다. 입지가 좋아야, 유동인구가 많아야 장사가 잘된다는 사실은 누구나 알고 있을 것이다. 하지만 우노는 번화가와 떨어진 한적한 곳에 가게를 내는 전략으로 승부수를 띄웠다. 남들과 반대로 생각한 것이다. 나아가 불경기에 더 북적대는 가게를 만드는 비결, 요리를 못해도 인기 폭발 메뉴를 만드는 방법, 돈 안 들이고 이색적인 인테리어를 하는 비결, 무조건 팔리는 메뉴를 만드는 비법 등 그만의 역발상을 나열하자면 끝이 없을 정도다.

나 역시 "분식이 왜 그렇게 비싸?"라는 모두의 편견에 도전함으로

써, 새로운 타깃을 만들 수 있었다(그러한 발상이 아니었다면 어쩌면 지금의 스쿨푸드는 존재하기 어려웠을지도 모르겠다). 중요한 것은 유행에 휘둘리지 않고 자신의 선택을 끝까지 밀고 나가는 용기다. '도전'은 옳고 그름을 따지는 순간 물거품이 되기 마련. 자신의 철학과 전략을 꿋꿋하게 밀어붙인 우노는, 결국 모든 사람들의 우려를 뒤엎고 술집이라고는 하나도 없는 외진 주택가에서도 손님들로 북적대는 가게를 만들어냈다.

우노는 대학에서 경영학을 전공했지만 일찌감치 적성에 맞지 않는다는 사실을 깨닫고, 1987년에 5평짜리 가게를 창업해서 지금에 이르렀다고 한다. 그가 수십 년 동안 개성 넘치는 멋진 가게들을 운영해올 수 있었던 것은, 지금에 만족하지 않고 끊임없이 새로운 것을 생각하며 변화를 시도했기 때문이다.

또한 작은 아이디어가, 소소한 발상이 모이면 기획을 낳고 새로운 흐름을 만들어낸다. 처음부터 큰 그림을 그릴 줄 아는 사람은 많지 않다. 우노의 가게에서는 손님을 위한 추천메뉴를 그날그날 영업 시작 전에 정하기 시작한다. 프랜차이즈 기업이라면 한번 정한 추천메뉴가 적어도 한 달은 갈 텐데, 그는 잘 팔리는 메뉴라 해도 결코 가만히 내버려두는 법이 없다. 끊임없이 새로운 것을 고민하는 것이다.

중국 속담 중에 "변하지 않기 위해 변한다."는 말이 있다. 아이러니하게도 '자기만의' 컬러를 유지하려면 끊임없이 변해야 한다. 가게를 찾는 손님을 연인이라 생각해보자. 한때 열렬하게 사랑했던 관계도 언제든 깨질 수 있는 것처럼, 영원히 나를 찾아줄 손님은 없다. 잘 나갈 때일수록 새로운 아이디어를 발굴하려는 노력을, 사소한 것에도 상상력을 불어넣는 일을, 생각을 실행에 옮기는 것을 게을리하지 말자. 조금이라도 식상해지고 지루해지면 등을 돌리는 것이 손님이므로.

앞에서도 말했다시피 장사는 어렵기도 하고 쉽기도 하다. 어려운 이유도, 쉬운 이유도 모두 '사람'이 하는 일이기 때문이다. 즉 장사는 사람의 마음을 사는 것이다. 아무리 외진 곳에 가게를 내도 한두 명씩 손님이 찾아오고, 그들의 마음을 사게 되면 성공할 수 있다는 것이 우노의 얘기다.

문제는 함께 일하는 사람의 마음이다. 우노는 자신의 가게를 '학교'라 부르고, 함께 일하는 직원들을 '제자'로 바라보며 그들에게 하나라도 더 가르쳐주기 위해 앞장서는 '진짜' 사장이다. 그래서 그에게는 어쩌면 장사의 신보다 '사람의 신'이라는 호칭이 더 어울릴지도 모르겠다. 함께 일하는 사람들을 소중히 여기고 대접하는 그의 철학은 내가 감히 이 책에 추천의 글을 쓰겠다고 나선 이유이기도 하다.

그는 자신의 직원들에게 장사하는 사람도 얼마든지 좋은 집을 사고 좋은 차를 탈 수 있다는 것을 직접 보여주고 싶었다고 얘기한다.

그러한 기회를 주고 싶다는 말과 함께. 나 역시 그의 의견에 전적으로 동의한다. 회사가 직원들에게 비전도 주지 않으면서 주인의식을 가지라니, 얼마나 우스운 일인가.

여기서 말하는 비전에는 당연히 경제적인 것도 포함된다. 물론 좋은 차를 타고 멋진 집에 사는 것이 인생의 전부라는 얘기는 아니다. 그러나 당장 생계 걱정을 하고 있는데 회사에 올인하라느니, 내 일처럼 열심히 하라느니 하는 말이 귀에 들어올 리가 없다. 어느 정도 경제적으로 여유가 있어야 회사 일도 다시 한 번 살펴보고, 더욱더 힘을 내서 일하는 법. 진정한 리더는 리더를 키울 줄 아는 사람이라 했던가. 직원들의 경제적·정신적 독립을 이끌어낸 우노의 리더십과 노력이야말로, 오늘날 그의 성공을 일궈낸 가장 큰 원동력일 것이다.

회사가 힘들어서, 더 이상 할 수 있는 일이 없어서, 빨리 돈을 벌고 싶어서…… 여러 가지 이유로 수많은 사람들이 장사에 뛰어든다. 그러나 현실은 녹록지 않다. 10명이 식당을 차린다면 그중 1명만이 살아남는다는 통계가 나올 정도로, 경쟁은 치열하다. 아울러 체력적으로도 고되다. 이러한 실정을 감안해보면, 장사만큼 쉽고 재미있는 게 없다는 우노의 말이 자칫 이상적인 얘기처럼 들릴지도 모르겠다. 하지만 칼질이 서툴러 뭉텅 썰어놓은 두꺼운 회가 손님들의 사랑을 받기까지, 얼마나 보이지 않는 노력이 있었을지 짐작이 되는가? 절실함을 넘어서 장사를 즐기는 경지에 이르기까지 그가 얼마나 노력했을지 다시 한 번 생각해볼 일이다. 그만큼 장사는 힘들다.

그러나 장사는 매력적이다. 주도적으로 '내 일'을 한다는 뿌듯함은 굳이 이 책에 등장하는 우노의 제자들을 언급하지 않아도 상상할 수 있을 것이다. 또한 누군가에게 즐거움을 주고, 끊임없이 새로운 사람들을 사귀면서 돈도 벌 수 있다!

"웃음이 넘치는 가게에는 손님이 찾아오고, 인생을 즐기는 사람에게는 복이 찾아온다."는 우노의 말처럼, 이 책에서는 자기 가게가 있으면 인생이 두 배 더 즐거워진다는 오너들의 뜨거운 열정과 노하우가 고스란히 느껴진다.

아무쪼록 이 책이 사표를 던지고 장사를 시작하는 사람, 젊은 나이에 창업에 도전하는 사람, 장사를 통해 새로운 인생에 도전장을 내민 모든 사람들에게, 희망을 주는 계기이자 언제든지 참고할 수 있는 현실적인 지침이 되었으면 하는 바람이다.

나아가 욕심인지는 모르겠지만, 반드시 장사를 하는 사람들이 아니라 해도, 혹은 장사를 할 생각이 없다 해도 꼭 한 번 읽어보기를 바란다. 따지고 보면 우리는 모두 무언가를 파는 사람들이다. 물건이나 음식이 아니어도 자신의 능력을, 아이디어를, 이미지를 팔고 있는 것이다. 이 책을 통해 '장사의 DNA'를 몸에 익힌다면, 어떤 일을 하더라도 남들보다 몇 배는 더 잘할 수 있는 능력을 갖추게 될 것이다. 마지막으로 이 땅에 진짜 '장사의 신'들이 나날이 늘어나기를 기원하면서 이 글을 마친다.

2014년 7월, SF이노베이션 대표이사 이상윤

이상윤 ─────────────────────────────

SF이노베이션 대표이사. 외식 프랜차이즈 업계의 대표적인 아이디어 뱅크이자, 지금의 가로수길 상권을 조성한 장본인으로 꼽힌다. 떡볶이, 김밥, 튀김 등의 분식에 남다른 감각을 더해, 대한민국 대표 프리미엄 분식인 '스쿨푸드'를 만들어냈다. 현재 에이프릴마켓, 김작가의 이중생활 등 총 7개의 다양한 브랜드를 운영하고 있다. 그중에서도 대표격인 스쿨푸드는 독창적인 맛과 인테리어를 무기로 국내를 넘어서 글로벌 시장을 공략 중이다. 스쿨푸드의 국내 매장은 총 76곳이며, 해외에서는 2009년 미국에 첫 매장을 연 이후 일본과 인도네시아, 태국, 홍콩 등에서 8개 점을 운영하고 있다.

웃음이 넘치는 가게에는 손님이 찾아오고, 인생을 즐기는 사람에게는 복이 찾아온다!

내가 이자카야를 처음 시작했을 때는 말이야, 젊은 주인이라고는 찾아볼 수가 없었어. 거의 다 나이 지긋한 아저씨나 아줌마가 오랫동안 해온 가게들이었거든. 사실 우리는 아무리 노력해도 그런 분위기의 가게를 한순간에 만들어낼 수 없지.

그런데 그 가게들이 80년대 버블경제가 시작되면서 하나둘씩 사라져갔어. 연륜이 느껴지는 오래된 이자카야를 정말 좋아하는 나로서는 참 섭섭하지 뭐야. 거의 비슷한 시기에 여자들도 술을 마시기 시작했지. 예전에는 남자들만 가는 곳이었던 바(bar)에서 여자들이 칵테일 같은 술을 마시기 시작한 거야. 그러다 보니 점점 맥주나 칵테일을 파는, 여자들이 들어가기 쉬운 분위기의 음식점이 늘어났어. 손님이 젊은 여자들이라면 장사 경험이 없는 젊은이라도 얼마든지 손님과 같은 입장에서 생각할 수 있잖아. 자기가 맛있다고 생각하는 음식은 틀림없이 손님도 좋아할 테니까. 이런 시대적 분위기에서 나도 여자 손님을 주된 고객으로 삼는 술집을 시작한 거지. 남자라면 아무래도 여자들이 많이 와주길 바라게 돼. 그쪽이 의욕이 생기거든. 나는 지금까지 남자 손님을 의식한 장사는 한 번도 해본 적이 없어. 하하.

젊은 여자들을 상대로라면 수십 년 동안 요리 실력을 갈고닦은 프로가 아니어도 괜찮아. 함께 수다 떨며 즐겁게 먹을 수 있는 요리면 되거든. 처음 가게를 열었을 때는 우동으로 나폴리탄 스파게티를 만들기도 하고, 라사냐풍의 만두를 만들기도 했어. 이런 요리를 손님에게 내놓으면 "이 음식 재미있어요." 하면서 다들 박수를 치며 좋아했지. "너무 맛있어요. 이거 만드는 법 좀 알려주세요."라고 묻기도 하고.

대신 맛있고 기억에 남을 만한 메뉴를 만들려면, 평소에도 꾸준히 생각하고 고민할 필요가 있어. 좋은 아이디어는 하루아침에 나오는 게 아니니까 말이야. 때로는 아주 사소한 발상이 인기메뉴를 만들기도 해. 우리 가게에서 히트친 오오자라소자이 요리(요리를 큰 접시에 담아 진열하고 주문을 받으면 덜어서 판매하는 '큰접시야채요리'-편집자주)는 어떻게 하면 일손을 덜 수 있을까 하는 고민에서 시작된 거야. 처음 시작한 가게는 아르바이트랑 단둘이 모든 걸 꾸려가느라 손님을 기다리게 하는 일이 많았거든. 그래서 아예 '손님이 직접 알아서 먹는 요리를 만들면 어떨까?' 하고 생각한 거지.

사실 이 요리를 떠올린 건 교토에 있는 오반자이(제철 채소로 만든 졸임 반찬. 대표적인 가정식 요리로 고기나 생선을 넣기도 한다-편집자주) 가게에 갔을 때였어. 가게에 갔는데 찌거나 굽거나 튀긴 다양한 스타일의 요리들이 놓여 있더라고. 그걸 보면서 '앗, 이거구나' 하고 감이 왔지. 나는 그때까지 가지를 맛있게 요리할 줄 몰랐는데, 가지 그라탕이라면 간단하게 만들 수 있겠다는 생각이 들었거든. 그라탕 소스야 이미 시중에 나와 있으니까. 항상 진지하게 음식에 대한 아이디어를 찾고 있다가 처음으로 이렇다 한 걸 발견했을 때의 기쁨은 말로 표현할 수 없어.

가령 화가를 떠올려봐. 빨간색만 해도 수십 가지가 있는데 그중에서 자기가 좋아하는 색을 찾아내잖아. 그 색을 찾기 위해서 20~30가지 색깔을 봤을 거 아냐? 정말 맘에 드는 그 한 가지 색을 찾았을 때의 기쁨이란 무엇과도 비교할 수 없을 거야. 마찬가지야. 같은 토마토 하나를 보더라도 어떻게 즐길지를 생각하는 거지. 토마토를 어떻게 요리할지, 어떻게 손님들에게 내갈지 평소에도 꾸준히 생각해야 해. 뭐, 그다지 어려운 일은 아냐.

창업이나 외식업계 전문지를 보면 죄다 "집에서 만든 것 같은 음식을 팔아서는 안 된다. 프로의 맛은 달라야 한다."라고 나와 있어. 하지만 나는 정반대라고 생각해. 손님이 '뭐야, 이 정도 요리는 나도 만들 수 있는데, 내가 왜 이 가게에 와야 하지?'라고 고개를 갸우뚱해야 좋은 거야. '나도 이런 요리쯤은 할 수 있는데, 장사나 한번 해볼까' 라고 생각하는 손님들이 많아져야 돼. 그런 사람들이 오히려 강력한 단골손님이 되어주거든.

길가의 이자카야는 절대 손님에게 '거리감'을 느끼게 해선 안 돼. 손님이 '나도 이 정도쯤은 할 수 있어!' 하고 생각한다면 반드시 그 가게는 성공하게 되어 있어. 흔히 창업 컨설턴트 같은 사람들은 '상품은 이래야 한다', '이익률은 몇%를 넘어야 한다', '서비스는 어때야 한다', '가게 분위기는 어때야 한다' 등등 딱딱하고 거창한 이론을 내세워. 그런 원칙들도 나름대로의 논리는 있겠지만, 자칫 음식의 자유로움이나 즐거움을 앗아가 버려. 가게를 운영하는 사장이나 직원들의 장점을 살릴 수가 없는 거지. 결국 개인이 경영하는 가게의 강점을 발휘할 수 없는 거야.

최근 대형 체인점이 늘어나는 것도 비슷한 맥락이야. 개인 경영자들은 근처에 체인이 생기면, 그쪽을 지나치게 의식해서 흔들리게 되거든. 그러면 자기만의 장점을 잃는 거야. 체인과 같은 조건에서 경쟁하려고 하면 이쪽은 이길 수가 없다는 걸 명심해야 돼. 나는 오히려 대형 체인이 들어오는 거야말로 엄청난 기회라고 생각해. 특히 골목의 작은 이자카야라면 더더욱 그렇지. 유명 체인이 지금까지 눈에 띄지 않던 이자카야의 잠재고객들을 불러모아서 새로운 손님들을 끌고 오는 셈이니까, 오히려 찬스가 생기는 거라고.

체인도 그 나름대로 매력(강점)이 있으니 지금까지 그렇게 매장을 늘리고 매출을 올리면서 잘해왔겠지. 하지만 체인점에도 부족한 건 있을 거야. 그 가게에 가보면 바로 알 수 있어. 하지만 그 전에 그걸 알아볼 수 있는 안목을 갖춰야 돼. 그리고 하나하나 키워나가야지. 카운터 너머의 손님과 사이좋게 이야기를 나눈다거나 하는, 작은 가게만이 할 수 있는 일이 분명 있거든.

아마 이제까지 이자카야가 있던 거리가 약간 썰렁했다면, 대형 체인점이 들어오면서 "여기가 이렇게까지 손님이 많은 동네였단 말이야? 손님이 있었던 거네." 하고 놀라게 될걸. 체인이 들어오는 건 이자카야 시장을 살려주는 거나 마찬가지니까 정말 고마운 일이야. 그 다음엔 손님을 자기 가게에 오도록 만들면 되잖아. 그런 사고방식만 가지면, 작은 가게가 할 수 있는 건 얼마든지 있어.

대기업 체인은 상품개발이나 물류 문제 등을 해결하는 데 엄청나게 복잡한 과정을 거쳐야 돼. 하지만 작은 가게는 어때. 대형 체인이 신상품을 개발하는 데 3개월에서 반년이 걸린다면, 개인이 하는 가게는 새로운 식재료만 사면 당장 내일부터라도 새로운 메뉴를 만들 수 있잖아. 그렇다고 체인이 무조건 불리하다는 건 아냐. 그 나름대로 대단하다고 생각해. 하지만 개인이 하는 가게만의 매력은 분명히 있다는 거야.

　나는 시장에 장을 보러 가서 싱싱한 생선을 보면, 반드시 떠오르는 손님이 있어. '저 생선을 어떻게 요리하면 어떤 손님이 좋아할 텐데.' 하는 식이야. 그 손님이 오늘 가게에 왔으면 좋겠다고 생각하지. 그런데 정말 신기하게도 그렇게 생각한 날은 반드시 그 손님이 찾아오게 되어 있어. 그게 장사의 매력이야. 진짜 장사를 하고 싶다면, 나처럼 생선만 봐도 그걸 좋아하는 손님 얼굴을 떠올릴 정도가 돼야 해. 엄마가 도시락 반찬을 사러 시장에 갔는데 남편과 아이의 얼굴이 떠오르는 것과 비슷한 거야. 엄마는 아이가 무얼 좋아하는지 생각하면서 정해진 예산 안에서 재료를 고르잖아.

　비슷한 얘기를 하나 더 해볼까. 남편이 자동차 세일즈 일을 하는 신혼부부가 있는데, 아내가 피곤해서 집에 들어오는 남편을 위해 슈퍼에 시원한 맥주를 사러 갔어. 마침 맛있는 참치를 싸게 팔고 있어서 손질해본 적은 없지만 큰맘 먹고 참치를 샀지. 그런데 할 수 있을 것 같았는데 참치를 엉망으로 잘랐지 뭐야. 그대로 내놓을 순 없고 어디서 본 건 있어서 양배추를 썰어서 깔았어. 그래도 모양이 안 나서 옥수수 통조림을 따서 뿌린 거야. 그런 요리를 내놓으면 남편이 '오~.' 하고 놀라지 않을까?

　분명 일류 요리집에서는 손님에게 멋지게 자른 참치만 내놓겠지.

대신 우리 가게에서는 오늘 처음 출근한 직원이 자른 참치를 어떻게 상품화해서 팔지를 생각해. 우리는 '사람을 택할 수도 없다', '입지를 고를 수도 없다'는 전제 하에 장사하는 방법만을 생각해왔어. 그래서 우리 가게는 일반적으로 장사가 잘되는 가게와는 좀 다를지도 몰라.

예전에 일본요리점 주방장이 우리 가게를 봤을 때는, 이런 게 무슨 요리냐고 우습게 취급하는 게 보통이었어. 당시에는 이자카야도 많지 않던 시절이니까. 그런데 재미있는 건 짜다느니 맵다느니 투덜거리면서도 매일 오더라는 거야. 일본요리점은 어때. 이자카야와 달리 매일 갈 수 없는 곳이잖아? 지금이야 늦게까지 하는 일본요리집도 생겼지만, 10년 전만 해도 스시 가게, 덴푸라 가게 등은 밤 10시면 문을 닫는 게 보통이었어.

거기서 일하던 직원들이 문을 닫고 와서 오늘은 한가했다, 바빴다 하고 가게의 사정을 말해주지. 문득 둘러보면 그 가게 종업원들만 와서 앉아 있을 정도였다니까. 매일 오는데 스시나 덴푸라가 먹고 싶을 턱이 없잖아. 결국 오뎅 같은, 일본인이 평소 먹고 싶은 요리를 찾는 거야. 요리가 어려울 리 없지.

이자카야뿐 아니라 모든 음식점은 큰돈을 벌어야겠다고 마음먹지 말고, 내 생활비 정도만 벌자고 생각하면 잘되게 되어 있어. 가령 샴페인을 100엔에 파는 건 무리지만, 소주를 100엔에 파는 건 가능해.

실제 그런 가게를 잡지에서 본 적이 있어. 소주는 석 잔만 마셔도 살짝 취한 기분이 들거든. 술이 재미있는 건 기분이 점점 좋아지면 안주를 찾는다는 거야. 술만 석 잔 먹고 돌아가는 손님이라면 절대 다시 오지 않을 사람이야. 소주 한 잔을 100엔에 파는데, 전갱이 같은 건어물을 화로에 굽는 안주가 나오는 가게가 근처에 있다면 당연히 가게 되지 않을까?

이건 좀 다른 얘기지만 온천에 가서 연회를 즐기고 있으면, 처음에 화장을 진하게 한 아줌마 게이샤들이 나와서 깜짝 놀라곤 해. 저절로 뒷걸음질치게 되지. 그런데 30분이나 1시간쯤 후에는 나도 모르게 사이좋게 앉아서 술을 마시고 있어. 그게 바로 술의 위력이자 매력이지.

가게의 매력도 마찬가지야. 꼭 최고의 요리가 나오지 않아도, 멋진 분위기가 아니어도 괜찮아. 내 신조는 손님들을 즐겁게 만들고 웃게 하는 거야. 신경 써야 하는 건 음식 하나만이 아냐. 활기차게 손님을 접대하는 것도, 가게를 반짝반짝 청소하는 것도, 언제나 유니폼을 단정하게 차려입는 것도 모두 손님을 즐겁게 하기 위해 필요한 요소지. 나는 손님을 웃게 하려면 어떻게 하는 게 좋을지 매일 열심히 생각해. 하지만 요리사의 노력에 비하면 쉬운 일이야. 보통 사람도 얼마든지 할 수 있지.

얼마 전에 한 녀석이 우리 가게에서 독립해서 2호점을 열었는데, 자기 각오를 손님들에게 보여주고 싶다며 새빨간 유니폼을 만들어 입었어. 생각해봐. 가게 문을 여는 순간, 새빨간 유니폼을 입고 있는 직원이 눈에 들어오면 굉장히 인상적일 거 같지 않아? '와, 이 가게 뭔가 신나는데!' 하고 기대하게 될걸?

물론 아무리 열심히 노력해도 손님의 호응을 얻지 못할 수도 있어. 하지만 직원 모두가 즐겁게 웃으면서 일하는 가게를 싫어할 손님은 없지. 가게를 나가는 손님이 "즐거웠어요!"라고 인사해준다면 가게 주인도 기분이 좋아져. 자기도 모르는 사이에 웃고 있는 자신을 발견하게 될 거야. 아주 행복한 기분으로. 그러다 깨닫게 되지. '뭐야. 결국 손님을 위해서가 아니라, 나 자신을 위해서 일하고 있는 거잖아!'

웃음은 파도처럼 주변으로 퍼져나가는 법이야. 가령 라쿠고(기모노를 입은 만담꾼이 무대 위에 앉아서 청중에게 재미있는 얘기를 들려주는 일본의 전통예능-편집자주) 같은 건 혼자서 보면 별로 재미가 없어. 공연장에 가서 다른 사람들하고 같이 웃으면서 봐야 제대로 즐길 수 있지. 이자카야도 라쿠고의 공연장과 비슷하다고 생각해. 사람들이 가게에 가는 이유는 집에서 혼자 먹고 마시는 것보다 즐겁기 때문이잖아. 그러니까 한 사람의 손님을 즐겁게 할 수 있다면, 점점 사람이 늘어나서 결국에는 더 많은 손님이 모여들게 될 거야. 손님이 많은 가게는 입소문을 타거든.

누구라도 웃는 일 정도는 할 수 있잖아. 그러니까 지금까지 가게를 해본 적이 없는 사람도, 오랫동안 장사를 해오고 있지만 적자가 나서 고민하는 사람도, 가게를 성공시키는 '최고의 무기'는 이미 갖고 있는 셈이라고! 항상 웃으면서 지내면 인생도 굉장히 즐거워지지. 이 책이 장사로 성공하는 것 말고도, 즐거운 인생을 사는 데 조금이라도 도움이 됐으면 좋겠어.

라쿠 코퍼레이션 사장, 우노 다카시

PART 1 누구라도 가게로 성공할 수 있다
초보자도 아무런 문제 없이 가게를 차리는 비결

장사의 神 실천편

장사의 神 실천편

누구라도
가게로
성공할 수 있다

초보자도 아무런 문제 없이 가게를 차리는 비결

실수투성이여도
잘나가는 가게를
할 수 있다!

우리 이자카야는 독립해서 자기 가게를 열고 오너가 되는 걸 목표로 하는 친구들이 일하는 곳이야. 자기 가게를 갖기 위해 다니는 일종의 학교 같은 곳이랄까. 나는 같이 일하는 직원들에게 이렇게 말하곤 해. "요리학교에서 요리를 배우려면 수업료를 내야 하지. 그런데 우리 가게에서는 독립에 필요한 모든 걸 배우면서 월급도 받잖아. 정말 멋지지 않아? 하하."

가게의 직원들은 근무한 지 몇 년이 지나면 대부분 독립에 성공하지만, 처음 들어왔을 때는 하나같이 실수투성이야. 처음부터 독립을 꿈꾸면서 이 일에 뛰어든 사람은 거의 없으니까. 대학을 졸업한 녀석은 좀처럼 찾아보기 힘들고, 공부를 잘했거나 어떤 분야에서 프로의 실력을 갖춘 녀석들도 아예 없다고 봐도 좋아.

　음식점에서 일해본 적이 없는 친구들이 대부분이라서 종종 어처구니없는 실수도 저지르곤 해. 한 번은 '새우 머리'를 따놓으라고 말했더니, 정말 말 그대로 머리만 따놓고 몸통을 버린 녀석도 있었어. 하지만 그래도 괜찮아. 그랬던 녀석도 훌륭하게 성장해서 지금은 자기 가게를 하고 있으니까. 기본적인 요리는 음식점에서 몇 년 동안만 일해도 배울 수 있어. 프로 요리사가 되려는 게 아니라면, 술집에서 안주로 내놓는 요리는 배우기 어렵지 않아.

　하지만 아이디어를 생각해내는 능력은 배울 수 있는 게 아냐. 그렇기 때문에 나는 가게를 하는 사람은 조금 엉뚱한 편이 좋다고 생각해. 고정관념에 사로잡히지 않고 틀을 벗어난 생각을 할 수 있거든. 우리 가게에서 일하다 독립한 녀석 중에는 오유와리 소주(소주를 따뜻한 물에 타서 마시는 것-편집자주)에 모쓰쿠시(곱창을 꼬치에 끼워 구운 음식-편집자주)를 꽂아서 손님들에게 내놓는 녀석이 있어. 정말 기발한 아이디어야.

　우리 가게에 들어오는 녀석들 중에는 조금 불량한 놈도 있어. 나는 그런 녀석일수록 우리 가게가 꼭 돌봐줘야 한다고 생각해. 불량했던 사람이 우리 가게에 들어와서 조금씩 태도가 바뀌고 마침내 독립에 성공하면, 그 사람이야말로 우리 회사의 큰 자산이 되는 거야. 그렇게 성공한 사람이 이제 막 가게에 들어온 직원에게 "나도 해냈으

나는 가게를 하려면
조금 엉뚱한 편이 좋다고 생각해.
그래야 틀을 벗어난 생각을 할 수 있거든.

니까 너도 할 수 있어."라고 말해주면, 내가 하 프로 요리사가 되려는 게 아니라면 요리는 누구든 배울 수 있어. 중요한 건 아이디어를 생각해내는 능력이지.

는 말보다 몇 배는 더 설득력 있게 느껴지거든.

그리고 말이야, 사람들은 조금 불량해 보이는 쪽에 매력을 느끼잖아. 터프해 보이는 주인이 친절하게 말을 걸어준다면 왠지 두근거리지 않겠어?

독립한 후에 손님들에게 내놓을 가장 좋은 메뉴는 혼자서도 만들 수 있는 요리야. 모쓰쿠시를 꽂은 소주를 생각해낸 녀석은 지금 철판구이 가게를 하고 있어. 철판구이는 원래 요리를 잘 못해도 철판만 있으면 할 수 있는 음식인데, 이 녀석은 좀 달라. 자기만의 비법이 있지. 한 가지 요리가 끝나면 다음 요리를 시작하기 전에 항상 손님들 눈앞에서 철판을 번쩍번쩍하게 닦는 거야. 번쩍번쩍 윤이 나는 철판은 보기에도 좋고 손님들의 기분도 좋게 만들어주잖아. 일의 마무리가 깔끔하면 가게 전체가 살아나게 돼 있거든. 나는 우리 가게에서 일하는 녀석들이 꼭 요리가 아니라도 이렇게 자기 가게를 멋지게 연출하는 법을 배우길 바라.

요즘에는 경기불황이라 취업이 힘들다 보니 아르바이트로 생계를 꾸려가는 애들도 많은데, 나는 그런 친구들에게도 이자카야는 누구든 꿈꿀 수 있는 일이라는 걸 알려주고 싶어. 하지만 꿈을 이루려면 먼저 이자카야의 주인이 은행이나 증권사, 대기업의 직원과 어깨를 나란히 할 수 있는 멋진 직업이라는 인식을 가질 필요가 있어. 그렇게 생각하지 않는다면 아무도 이자카야를 하려 들지 않을 테니까.

　나는 우리 직원들에게 이렇게 말해. "대학을 졸업하고 좋은 회사에 취직하더라도 대부분은 월급을 많이 받지 못해. 하지만 자기 가게를 갖고 열심히 노력하면 누구나 좋은 집에서 살고 좋은 차를 탈 수 있어. 평범한 회사원보다 여유 있게, 잘살 수 있는 거야."라고 말이야. 사실 학력이 낮아도 먹고사는 걱정을 할 필요가 없어. 우리 가게에서 독립한 사람들이 그걸 증명하고 있잖아. 이자카야는 정말 매력적인 장사야. 나는 진심으로 그렇게 생각해.

꼭 '내 가게'를 갖겠다는 각오부터 가져라

나는 함께 일하는 친구들에게 "여러분은 모두 반드시 독립해서 가게를 열 수 있다."고 하루에도 몇 번씩 말하고 있어. 매일같이 굳은 의지를 불어넣는 건 정말 중요한 일이지. 내 가게를 열겠다고 진심으로 바란다면, 그래서 굳은 의지를 갖는다면 누구라도 가게를 가질 수 있거든.

'굳은 의지를 품는 것만으로 내가 정말 변할 수 있을까?'라고 의문스러울지도 모르겠어. 하지만 항상 어떤 이미지를 그려보는 건 굉장한 힘이 되지. 얼마 전 텔레비전에서 난치병에 걸린 소년의 다큐멘터리를 봤는데, 꼭 낫겠다는 굳은 결심으로 병을 극복해가는 내용이었어. 투병에 비하면 가게를 여는 건 힘든 일도 아냐. 그러니까 가게를 열고 싶은 사람은, 화장실이나 자기 방의 벽처럼 매일 꼭 쳐다보는 곳에 '내 가게를 열겠다!'라고 적은 종이를 붙여놓도록 해. 침대 위 천장에 붙여놓으면 아침에 잠에서 깰 때 바로 눈에 들어오잖아. 그 종이를 매일 보고 있으면 자기가 하고 싶은 가게의 이미지가 점점 더 확실해질 거야. 덤으로 '어떻게 하면 내 가게에 온 손님을 즐겁게 해줄 수 있을까?' 하는 생각도 하게 되겠지. 이런 것들이 차곡차곡 쌓여서 독립할 수 있는 힘이 되는 거야.

내 가게를 가지려면 어떤 '이미지'를 갖는 게 중요해. 어떤 가게를 갖고 싶은지 이미지를 그려보는 노력을 하면 반드시 성공하게 되어 있어. 다만 우리 리원들에게도 매일 말하지만 머릿속으로 상상만 하고 막상 저축을 하지 않으면 아무 소용 없어. 이 정도 금액이면 어디에 어떤 가게를 차릴 수 있겠다고 생각했다면, 실천에 옮기는 게 중요하지.

이런 사고방식은 학생시절에 백과사전 세일즈를 한 적이 있었는데, 그때 미국인 매니저에게 배운 거야. 그가 나한테 꿈이 있느냐고 묻길래 "장래에 가게를 갖고 싶지만, 지금은 차를 사는 게 꿈입니다."라고 대답했거든. 그러니까 "그 차는 어디서 팔고 있고, 차를 사려면 얼마가 있어야 하고, 그 돈을 모으려면 며칠이 걸리지?" 하고 되묻더라고. 지금 얼마를 모았으니 몇 개월 후에 차를 사러 오겠다고 자동차 대리점에 말하지 못한다면, 그건 진짜 꿈이 아니라는 게 그의 대답이었어. 그렇게 말하니 진짜 알기 쉽더라고.

이걸 나와 일하는 친구들에게도 가르쳐주는 게 내 역할이야. 우리 가게에서 전자레인지의 위력은 절대적이야. 전자레인지가 있는 가게와 그렇지 않은 가게의 차이가 엄청나다는 건 누구나 공감할 거야. 문제는 거기서부터야. 좋은 전자레인지를 3대 갖추기 위해 10만 엔을 모으는 노력을 할 수 있느냐 없느냐지. 그런 현실적인 문제를 해결해야 구체적인 이미지를 그릴 수 있어.

우리 가게에서 독립해서 자기 가게를 열기 직전에 교통사고를 당해 크게 다친 녀석이 있어. 정말 운 나쁘게 사고를 당한 거지. 처음에 편지를 받았을 때는 눈만 깜빡이는 상태였고 녀석은 굉장히 낙담해 있었어. 하지만 곧 병원 침대 위에서도 포기하지 않고 가게를 열겠다는 굳은 의지로 지금의 자신이 할 수 있는 가게를 생각하기 시작했지. 언젠가는 가게를 해보고 싶다고 생각하는 사람이 많을 거야. 하지만 '해보고 싶다'와 '하겠다'는 하늘과 땅만큼 큰 차이가 있어. '하겠다!'는 굳은 의지를 가지면 꿈은 반드시 이루어져.

자신이 무얼 원하는지, 그리고 무엇을 해야 하는지를 깨닫고 실행에 옮기는 것, 그것이 바로 성공을 가늠하는 첫 단추라고.

그 녀석은 역에서 멀리 떨어진 주택가에 있는 큰 병원에 입원해 있었어. 그러던 어느 날 여자 간호사들이 "이 근처에는 여자가 마음 편하게 들어갈 수 있는 가게가 없어."라고 얘기하는 걸 우연히 듣게

내 가게의
구체적인 이미지를 그리면,
일하는 태도가 달라져.

된 거야. 부모님이 살고 있는 동네였는데, 확실히 주변에는 야키토리(꼬치에 꿴 고기나 채소를 숯불에 구운 요리-편집자주) 집이나 고깃집처럼 동네 아저씨들이 가는 술집밖에 없었대. 그래서 녀석은 오코노미야키(일본식 부침개-편집자주)를 간판 메뉴로 내걸고, 여자 손님들도 눈치 보지 않고 들어갈 수 있는 철판구이 전문점을 열었어. 지금은 휠체어를 타고 가게에 출근하고 있는데, 함께 일하는 직원들도 녀석의 열정에 영향을 받아서 가게는 언제나 활기가 넘쳐. 정말 기적 같은 얘기 아냐?

가게를 열겠다는 강한 신념을 가지고 있는 녀석들은 평소 일하는 태도도 전혀 달라. 얼마 전 우리 가게 한 곳을 찾아갔는데, 생선회를 내놓는 방법이 잘못됐더라고. 접시에 회를 담은 뒤에 손으로 만져서 모양을 고치고 있지 뭐야. 그런데 생선회라는 음식은 말이야, 한 번에 접시에 담아서 바로 내지 않으면 맛있어 보이지 않아. 점장 녀석이 자기 가게를 여는 데 별로 관심이 없어서 손님의 입장에서 생각하지 못한 거지. 손님을 대하는 능력이 뛰어난 녀석이라 독립을 생각하면 분명히 금방 성장할 수 있을 텐데. 안타까울 뿐이지, 뭐.

우리 가게에서 일하는 직원들은 프로 요리사가 아냐. 생선회의 달인처럼 능숙하게 회를 내는 건 불가능해. 하지만 생선회에 곁들이는 와사비를 손이 아니라 젓가락을 사용해서 올려놓는 정도는 할 수 있지. 와사비를 조금만 정성스럽게 올려도, 그것만으로도 생선회가 먹음직스러워 보일 수 있잖아. 자기 가게를 열겠다는 의지가 있으면 이런 식으로 손님을 위해 자기가 할 수 있는 일이 무언지 진지하게 찾아보게 되지.

물론 생선회를 접시에 담은 사람은 점장이 아니었어. 하지만 그런 직원을 방치하고 있는 점장의 책임은 무거운 거야. 생각해봐. 점장이 제대로 교육시키지 않으면 생선회를 담은 그 직원은 독립을 하더라도 가게를 잘 운영해나가기 힘들 거 아냐.

저축은 창업의 첫 번째 관문이다

생각하고 싶지 않은 부분일지도 모르지만, 자기 가게를 갖기 위해서는 반드시 통과해야 하는 관문이 있어. 바로 계획적으로 돈을 모으는 일이야. 무언가를 계획을 세워서 한다는 건 아주 어려운 일이야. 나는 솔직히 스케줄에 얽매이는 걸 아주 싫어해. 수첩도 안 가지고 다니는걸. 하지만 가게를 위한 저축만큼은 반드시 계획적으로 하지.

"만약 식당에서 일하고 있다면 식사는 일하는 곳에서 해결하고, 한 달에 10만 엔을 저축하는 거야. 그렇게 5년을 모으면 600만 엔. 그 정도 돈이면 은행대출을 합쳐서 작은 가게를 시작하기에는 충분한 자금이지." 이게 바로 내가 우리 직원들에게 귀에 못이 박이도록 하는 얘기야.

저축은 창업자금 이상의 역할을 해. 독립해서 어떤 가게를 차릴지, 자기 가게에 대한 구체적인 이미지를 만들어가는 기준이 되거든. 우리 직원들은 가게에 들어와서 저축을 시작하기 전에는 100만 엔이라는 거금을 모아본 적이 없는 사람이 대부분이야. 그래서 1년이 지나면 '이렇게나 많이 모았어?' 하고 모두 놀라게 되지. 가게를 여는 게 막연한 꿈이라고 생각했는데, 노력하면 정말 이루어진다는 걸 실감하는 거야. 처음에는 '내가 정말 가게를 시작할 수 있을까?' 하고 반신반의했던 녀석이라도 어느 정도 돈이 모이고 나면 독립의 그날을 향해서 구체적인 이미지를 그리기 시작하지. 점점 의욕도 생길 테고. 그렇게 독립에 더 가까이 다가가게 되는 거야.

저축해놓은 돈이 없으면 가게를 차릴 계획을 세우기가 힘들어. 여행가려고 준비할 때도 예산이 없으면 아무 계획도 세울 수 없는 것과 마찬가지야. 쓸 수 있는 돈이 얼마인지에 따라 어디로 갈지, 어떤 숙소에 묵을지, 무엇을 할지 구체적으로 여행 계획을 세울 수 있잖아.

가게를 차릴 때도 똑같아. 가지고 있는 돈에 따라서 여러 이미지를 떠올릴 수 있지. 저축액이 늘어날수록 이미지는 점점 더 구체화될 거고. 저축 없이 세우는 계획은 그저 탁상공론일 뿐이야. 그래서 저축을 안 하는 녀석은 2~3년 일을 계속해가는 동안 목표를 잃어버리기 쉬워. 독립에 성공하고 난 뒤에도 저축은 아주 중요해. 돈이 있으면 도전의 폭도 넓어지고, 2호점의 이미지도 구체적으로 떠오르거든.

가게를 하면서도 저축은 쉽게 할 수 있어. 막차를 타고 귀가하는 손님을 상대로 해서 밤 12시 이후에 10,000엔의 매출을 올릴 때까지 장사를 하는 것도 하나의 방법이야. 손님 한 명당 2,000엔으로 계산하면 손님 5명이 오면 목표 달성이잖아. 그렇게 올린 매출을 착실히 저축해가면 1년에 300만 엔 정도 모을 수 있어. 독립하기 전보다 세 배나 많은 돈을 모을 수 있다고 생각하면 의욕이 마구 생기지 않겠어? 앞으로 어떤 일을 할지 더 큰 계획을 세울 수도 있잖아. 그러다 보면 당연히 올해보다 내년, 내년보다 내후년에 더 많은 돈을 벌어야겠다는 욕심이 생길 거야. 자기 가게를 가지고 싶다면, 일단 돈을 얼마나 모을지 목표부터 정하도록 해. 성공적인 독립을 위한 첫걸음이 될 테니까.

손님도 주인도
좋아하는 가게를
골라라

라쿠 코퍼레이션은 역 앞에 있는 큰 빌딩 같은 곳에는 절대 가게를 내지 않아. 역에서 조금 떨어진 곳, 유동인구가 적고 월세가 싼 곳에 가게를 차리는 게 원칙이지. 그럴 수밖에 없잖아. 젊은 친구들이 처음 가게를 시작하는데 비싼 월세를 어떻게 감당하겠어. 나는 우리 가게야말로 독립을 꿈꾸는 젊은이들이 자기 가게에 써먹을 수 있는 노하우를 배워가는 곳이라고 생각해. 그래서 되도록이면 우리 가게에서의 경험을 그대로 살릴 수 있게 신경 쓰고 있지.

지금까지는 중심가에서 벗어난 분위기 있는 골목길에 가게를 여는 녀석들이 대부분이었는데, 요즘에는 도쿄 한복판인 긴자에 가게를 내는 녀석도 나타났어. 열심히 공부해서 소믈리에 자격증을 딴 녀석이지. 자격증을 딴 김에 긴자라는 큰 무대에 진출하고 싶다는 생각이 들었나 봐. 하지만 긴자에 있는 가게들 중에서 우리 가게 녀석들도 감당할 수 있는 정도의 월세를 받는 곳이라면, 당연히 다른 업자들도 노리고 있을 거야. 물론 다른 지역도 마찬가지고.

좋은 가게를 손에 넣기 위해서는 경쟁이 불가피하지. 그래서 나는 들어가고 싶은 가게를 발견했을 때는 건물주에게 자신을 어필하는 게 중요하다고 가르쳤어. 월세가 저렴한 작은 건물이라면 자금력보다는 의욕, 열심히 하겠다는 열의가 건물주에게 좋은 인상을 줄 거라고 믿거든.

하지만 우리는 건물주와 직접 교섭할 수 없잖아. 그 사이에는 항상 부동산업자가 끼어 있으니까. 그래서 나는 지금까지 우리 가게에서 해왔던 일과 지금부터 하고 싶은 일을 간단하게 정리한 자료를 파일에 넣어서 직접 건물 주인에게 전달하도록 가르치지. 그 파일이 자신의 '목소리'가 되도록 말이야. 아무리 오너가 의욕에 넘치더라도, 아무리 계획적이고 매력적인 가게더라도 부동산업자가 건물 주인에게 전하는 것만으로는 평가가 반감돼버리거든.

음식점이 자기 건물에 들어온다고 생각하면 건물 주인은 이런저런 걱정이 생겨. 쓰레기는 잘 버릴지, 불은 조심해서 사용할지, 연기는 어떻게 처리할지 등등 말이야. 긴자에 가게를 얻은 녀석은 이런저런 궁리 끝에, 건물 주인이 불안하게 여길 거 같은 항목들에 대해서 자신이 어떻게 대처할지 하나하나 꼼꼼히 적어서 전달했대. 걱정하지 않도록 말이야. 결국 녀석은 음식점이 건물에 입주하는 걸 꺼리던 건물 주인을 설득해서 원하던 가게를 멋지게 손에 넣었어. 꼭 긴자가 아니더라도 '이곳이다!'라고 생각되는 가게를 발견했을 때는 건물 주인에게 자신을 어필할 수 있는 파일을 준비하는 게 좋아.

이렇게 경쟁을 통해서 도쿄 중심가의 가게를 손에 넣는 녀석도 있지만, 지방에 가게를 내는 녀석들도 늘어가고 있어. 후쿠오카나 오사카, 센다이 같은 곳이 대표적이지. 지방이라면 같은 자본금으로도 도쿄보다 좋은 입지에서 승부를 걸 수 있고 생활비도 적게 들거든. 결국 **어떤 곳에 가게를 열더라도 좋은 가게가 성공하기 마련이지. 제일 중요한 건 자기 자신과 손님 모두 마음껏 즐길 수 있는 장소를 고르는 거야.**

아주 작은 것도 인기의 씨앗이 된다

아주 사소한 것도 손님 입장에서는 즐길 거리가 돼. 도쿄의 네리마에서 가게를 시작한 녀석을 예로 들어볼게. 1호점 이름을 네리마 특산품인 채소의 이름을 따서 '네리마의 무'라고 지었어. 그리고 얼마 지나지 않아 2호점을 열었는데 이름을 '네리마의 단무지'라고 붙인 거야. 무가 시간이 지나서 맛있는 단무지로 진화한 거지. 하하. 최근에는 3호점에 해당하는 와인바를 열었는데 이름이 '라 벳타라'야. 얼핏 들으면 이탈리아어 같지만 무장아찌인 벳타라 절임에서 따온 이름이야. 무에서 단무지로, 장아찌로 진화한 셈이지. 손님들이 그 연관성을 안다면 절대 잊어버리지 않겠지? 가게 이름 하나로 이런 재미를 연출하다니 정말 대단하지 않아?

센다이에는 얼마 전에 4호점과 5호점을 연달아 낸 녀석이 있는데, 처음 가게를 열었을 때는 언제나 손님들에게 열심히 말을 걸었대. 너무 말이 많으니까 한 아저씨가 "시끄러워!" 하고 화를 냈나 봐. 좀 조용히 하라고 말이야. 그때 여자 손님 둘이 가게에 들어왔는데, 녀석은 아저씨의 말에도 기죽지 않고 그 손님들에게 열심히 말을 걸었어. 그런데 여자 손님들은 거꾸로 "이렇게 손님한테 친절하게 말 걸어주는 가게는 없다."고 하면서 기뻐했다는 거야.

우리 가게에서 일하는 직원들은 전문 요리사가 아냐. 당연히 조용히 음식만 만들어서는 손님을 만족시킬 수가 없어. 음식으로 기쁨을 줄 수 없다면, 활기차고 즐거운 가게를 만들어서 그 분위기를 좋아하는 손님들이 만족을 느끼고 돌아갈 수 있도록 하는 게 최선인 거야. 인기 있는 가게를 만드는 비결은 바로 이런 게 아닐까?

우리 가게는 뒷골목, 이면도로 쪽에 가게를 내는 편이야. 적극적으로 말을 걸지 않아도 손님이 알아서 찾아오는 번화가에서 가게를 한다면, 독립에 필요한 것들

손님이 누군가에게 보여주고 싶은 아이디어, 그런 가게를 만들어봐.

손님이
알아서 찾아오는
변화가 가게에서는
아무것도 배울 게 없어.

은 하나도 배울 수 없을 거야. 지금 운영하는 가게는 은둔처 같아서 위치가 좋다는 평을 듣는데, 그렇게 되기까지는 엄청난 노력이 필요했어. 우리 가게에서 일하던 친구들은 여기서 쌓은 경험으로 자신을 얻고 '나도 가게를 차릴 수 있겠구나' 생각하게 되지. 자기 가게를 차리려는 친구들이라면, '돈이 없어도 장사는 성공할 수 있다'는 믿음을 가져줬으면 해.

독립하기 전까지는 인적이 드문 가게까지 손님을 오게 하려면 무엇을 해야 하는지 배워둘 필요가 있어. 그다지 인기가 많지 않은 가게에 데리고 가서, "이 가게를 유행시키려면 뭐가 필요할지 이미지를 떠올려봐."라고 숙제를 주는 거지. 아주 사소한 거라도 좋아.

가령 오신코(일본식 채소 절임-편집자주) 하나를 내가더라도 아이디어를 내는 게 좋지. 만일 부부끼리 장사하는 집이라면 '여제 ○○의 오신코'라고 메뉴판에 부인의 이름을 써두면, 손님의 흥미를 끌 거야. 그러다 부인이 나타나면, "아, 여제다!" 하면서 손님들도 말을 걸지 몰라. 그러면 남편이 손님들과 대화할 수 있는 계기가 되잖아. 이자카야라는 건 그런 대화가 이뤄져야 하는 곳이야. 손님과 둘이서 그런 얘기를 나눌 수 있는 곳이라면, 어떤 상황에서도 손님이 드는 가게가 되겠지.

그런데 이렇게 누구나 낼 수 있는 아이디어조차 시도하지 않는 가게가 무수히 많아. 가게를 하는 우리 입장에서는 고마운 일이지만.

만약 오이로 만든 오신코라면, 여직원이 천천히 오이 하나를 들고 나타나서 손님 수에 맞게 잘라주는 거야. 그러면 엄청난 임팩트가 느껴지지 않을까? 손님을 슬며시 웃게 만들 재미있는 아이디어가 있다면, 그리고 그걸 누군가에게 보여주고 싶어서 손님이 다시 한 번 친구를 데리고 온다면, 그거야말로 뒷골목에서 이자카야를 꾸려가는 비결일 거야.

사람이 없고
돈이 없어도
'컨셉'은 있어야 한다

    친구 가게에서 독립한 직원이 차린 이자카야에 간 적이 있어. 가게 주인은 도쿄농업대학교 양조과학과를 졸업한 녀석인데 모교 근처에 가게를 열었지. 그 가게의 메인 메뉴는 도쿄농업대학교 졸업생이 양조장에서 만드는 일본 술이었어. 가게의 컨셉도 재미있었고, 가게 주인도 이런저런 일들에 의욕을 가지고 덤비는 중이었지.

    하지만 내가 볼 때는 가게를 연 지 얼마 되지 않았으니까 좀 더 '임팩트'가 필요하다는 생각이 들었어. 녀석이 가게를 연 곳은 규모는 작아도 인기 있는 가게들이 몰려 있는 동네였거든. 경쟁이 치열한 동네에서는 자기가 생각했던 것보다 두세 배는 더 열심히 가게의 '개성'을 어필할 필요가 있어. 그렇지 않으면 손님들의 선택을 받기가 어렵거든. 가게를

막 열었을 때가 손님들의 시선을 끌 수 있는 절
호의 기회야. 이 시기를 절대 놓쳐서는 안 돼.

처음에는 어떻게든 가게의 팬을 많이 만드는 게 중요해. 이미 가게를 시작했다 해도 개성을 제대로 살리지 못한다면, 문을 닫고라도 가게의 이미지를 점검할 필요가 있어.

　그러기 위해서는 손님의 시선으로 가게를 봤
을 때 이 가게에 들어가고 싶은지 아닌지를 생각
해봐야 해. 가게 안에 들어갔다면 무엇을 마시고 싶고 무엇을 먹고 싶
어지는지도. 이런 걸 생각하다 보면 가게의 개성을 어필하는 효과적
인 방법이 떠오르게 되어 있어.

　예를 들어, 녀석의 가게는 도쿄농업대학교와 깊은 인연이 있잖아.
도쿄농업대학교는 학교응원단이 무를 가지고 춤추는 '무 댄스'로 유
명한 학교니까, 나라면 머리를 무청처럼 자르고 초록색으로 염색했을
지도 몰라. 하하. 그러면 "이 가게 대체 뭐야?" 하면서 다들 한 번씩
쳐다봐줄 테니까. 처음에는 어떻게든 손님들을 불러 모아서 가게의
팬으로 만들어가는 게 중요해. 이미 가게를 시작한 뒤라도 자기 가게
의 개성을 제대로 살리지 못할 거 같으면, 일주일쯤 가게 문을 닫고
서라도 반드시 가게의 이미지 메이킹을 점검해볼 필요가 있어.

　평범한 일본 술을 팔면서도 기발한 아이디어로 나를 깜짝 놀라게
한 녀석도 있었지. 일본 술을 마시는 방법은 '고보시자케'라고 해서
술잔을 접시 위에 올리거나 나무됫박 안에 넣은 뒤에 술잔에서 술이
흘러넘치도록 따르는 게 일반적이잖아. 일본 술은 맥주나 와인에 비

내가 손님이라면
왜 이 가게에 가고 싶은지를
생각해봐.

해서 알코올도수가 높은데 손님에게 한 번에 제공되는 양도 180ml로 적지 않지. 750ml 와인 한 병에서 보통 6잔 정도 나오니까 일본 술 한 잔은 와인 한 잔보다 많다고 보면 돼. 이런 이유로 일본 술은 좀처럼 주문을 많이 받기가 힘들어.

그런데 이 녀석은 일본 술의 술잔을 100ml 크기의 작은 잔으로 바꾸고 가격도 낮춰서 손님들에게 내놓고 있었어. 게다가 항상 다양한 종류의 일본 술을 준비해두어서 손님들이 쉽게 다양한 일본 술에 도전할 수 있었지. 크기는 작아졌지만 잔은 반드시 접시 위에 올려서 잔이 넘치게 술을 따르는 '고보시자케' 스타일로 손님에게 내놓는 점이 이 가게의 서비스 포인트였어.

이 가게의 핵심 컨셉은 일본 술에 대해서 잘 모르는 사람이라도 일본 술을 즐길 수 있다는 거야. 벽에는 가게에서 팔고 있는 일본 술의 도수와 맛을 보여주는 큰 도표가 걸려 있는데, 알기 쉽도록 술병 사진을 오려서 도표 위에 붙여놨더군. 이런 개성 넘치는 연출을 가게 곳곳에서 볼 수 있었지. 덕분에 녀석의 가게는 장사가 굉장히 잘되고 있어. 이 가게가 일본 술을 파는 모습을 보고 우리 가게에서도 일본 술에 좀 더 신경을 쓰기 시작했어. 나는 이렇게 장사의 폭을 조금씩 넓혀가는 일이 얼마나 재미있는지 몰라.

가게의 개성을 살리고 싶을 때는 장사가 잘되는 가게들을 둘러보는 게 정말 큰 도움이 돼. 물론 아무리 장사가 잘되는 가게라 해도 좋은 점만 있는 건 아냐. 자기 나름대로 그 가게의 장단점을 파악하고 좋은 점을 훔칠 수 있다면 맘껏 훔쳐도 좋아. 그렇게 경험을 많이 쌓으면 쌓을수록 장사하는 데 도움이 되니까.

참, 이런 일도 있었어. 니가타(일본 동북지역에 위치한 곡창지대-편집자주)로 강연을 갔을 때의 일이야. 200명 정도가 강연을 들으러 왔는데 그중에는 젊은 사장들도 많았어. 그런데 참석자들과 얘기를 나눠보니 일본 술 하면 니가타라는 말이 있을 정도로 일본 술로 유명한 지역인데, 일본 술을 팔고 있는 가게가 굉장히 적은 거야. 정말 기가 막혔지. 어떤 가게를 하고 있는지 물어보니까 도쿄의 유명한 가게에서 영향을 받은 곳들이 많았어. 물론 모두들 다른 가게로 시찰도 가고 나름대로 열심히 연구할 거라고 믿지만, 술은 하이볼(위스키를 탄산수에 타서 마시는 것-편집자주)이나 소주를 팔고 있는 거야. 강연이 끝나고 참석자들과 함께 술자리를 갖게 됐는데, 일본 술을 큰 병으로 주문하려고 했더니 한 종류밖에 없더라고.

그 가게는 소주가 메인인 가게였기 때문에 당연한 일일지도 몰라. 하지만 생각해봐. 프랑스의 유명한 와인산지 중 하나인 부르고뉴의 음식점 중에서 와인을 팔지 않는 가게는 한 곳도 없을걸? 그 사람들은 부르고뉴 와인에 자부심을 가지고 있을 테니까.

니가타에는 100개에 가까운 양조장이 있어. 이렇게 굉장한 자산을 가지고 있는데, 일본 술에 대한 자부심을 갖고 좀 더 적극적으로 팔지 않는다면 정말 아까운 일이잖아. 생각해봐. '일본에서 제일가는 일본 술!'이라는 매력적인 문구를 당당하게 쓸 수 있는 곳이라고. 장사가 잘되는 가게를 둘러보고 배우는 일은 정말 중요해. 하지만 무조건 따라 하지 말고 유행에 휩쓸리지 않는 게 중요할 때도 있어. 어느 쪽을 택할지 판단하는 능력은 많은 시행착오를 거치면서 쌓아가야겠지만.

가게의 이름도 컨셉이 될 수 있다

가게 이름도 얼마든지 컨셉이 될 수 있어. 아니, 가게 이름은 어쩌면 컨셉 그 자체일지도 몰라. 가게를 시작할 때는 모두 이름을 짓는 문제로 골머리를 썩지. 새로 태어난 아이의 이름을 짓는 것만큼이나 어려운 일이야. 들어봐. 료마라는 녀석이 가게를 낼 때였어. 가게 이름을 생각하다 지쳤는지 그냥 자기 이름을 가게 이름으로 짓겠다고 하더라고. 하지만 '료마'는 아무리 멋지게 포장해도 결국 사카모토 료마(일본 개화기의 사상가로 일본인이 좋아하는 위인 베스트3에 드는 인물-편집자주)를 떠올리게 되잖아. 그래서 그 이름으로 하면 개성이 사라진다고 했더니 녀석이 다시 '이나호'라는 이름을 생각해왔어. 일본 술을 파는 가

게니까 이런 이름을 지은 거 같았어(이나호는 일본 술의 재료가 되는 쌀-편집
자주). 그러더니 나한테 가게의 로고를 만들어달라고 하더군. 나는 내
가 경영하고 있는 가게의 로고는 전부 직접 디자인하거든. 독립한 녀
석들에게도 종종 부탁을 받곤 하는데, 이나호는 어떻게 써봐도 동네
밥집 같은 이미지밖에 나오지 않더라고. 그래서 살짝 멋을 부려서 '이
나호노시즈쿠'(稲穂のしずく)로 하면 어떨까 생각하다가 아이디어가 번
뜩 떠올랐어. 전부 가타카나(イナホノシズク)로 쓰되, 붓글씨가 아니라
가는 선의 현대적인 느낌을 활자체로 표현하고 일본 국기에서 따온
붉은 동그라미를 넣어서 로고를 만들어봤어. 그랬더니 제법 멋진 디
자인이 된 거야.

사진의 '쵸쵸(ちょちょ)'는 쵸스케라는 녀석의 가게인데, 이렇게 점주
이름을 넣으면 자연스럽게 주인의 이름을 외울 수 있어서 이름을 통
해서 고객과의 거리도 좁힐 수 있어. 오른쪽에 보이는 '楽椿'은 우리
가게인데, '라쿠칭'이라고 읽어. 편하다는 뜻인데 '일주일에 10번은
찾아가고 싶어지는 가게'를 컨셉으로, 마음 편하게 마실 수 있는 가게
로 만들고 싶어서 붙인 이름이야.

가게 이름은 재미있는 게 좋아. 우리 가게의 졸업생 중에 '요다레
야'(군침 도는 가게)라는 가게를 연 녀석이 있는데, 정말 좋은 이름이라
고 생각해. 가게 메뉴와 관련 없는 이름이라도 잘만 붙이면 매력적인
이름이 될 수 있지. 휠체어를 탄 채로 가게를 꾸려가고 있다던 녀석

독립한 직원들은 모두
최대한 아이디어를 짜내서
기발한 가게 이름을 짓고 있어.

은 다마가와(玉川, 도쿄 동쪽을 흐르는 강-편집자주) 상류 근처에서 가게를 하고 있는데, '玉川'라고 쓰고 '다마리바'라고 읽어. 다마 리버(river)와 다마리바(소굴)라는 두 단어를 떠올릴 수 있게 지은 이름이야. 정말 위트가 넘치지?

그리고 누군가에게 가게 위치를 알려줄 때 "거기 있잖아. 그 편의점 옆에 있는 가게."라고 말하곤 하잖아. 그런 데서 힌트를 얻어서 '거기 옆집'이라고 이름 붙이는 것도 재미있지 않아? 이곳저곳의 가게 이름을 보면서 여러 생각을 해보곤 하지.

다른 가게의 매력을
훔치는 것도
능력이다

　나는 자주 다른 가게를 시찰하러 가. 반드시 같은 업종이 아니라
도, 어떤 종류의 가게여도 장사가 잘되는 곳이라면 한번 살펴볼 가치
가 있다고 생각하지. 메뉴? 가게의 인테리어? 딱히 무엇을 봐야겠다
고 정하고 가지는 않아. 하지만 모처럼 찾아갔으니까 그 가게에서 반
드시 뭔가를 얻어서 돌아가려고 노력하지.

　독립하겠다는 결심이 섰다 해도, 아직 그 시점에서는 자기가 어떤
가게를 하고 싶은지 확실한 이미지를 떠올리지 못하는 녀석들이 많
아. 그런 녀석들은 관심 있는 가게들을 여러 곳 둘러보면서 공부하지.
하지만 아직 독립할 준비가 안 된 어린 녀석들과 함께 시찰을 가면,
대부분은 그 가게의 단점을 찾아내는 데 혈안이 되더군. 가게를 쓰윽

둘러보고는 "별거 없네요." 하면서 말이야. 장점이라는 건 의외로 눈에 잘 띄지 않아.

만에 하나 단점밖에 찾을 수 없는 가게라도, 이 가게는 도움이 되지 않는다고 단정해선 안 돼. 나쁘다고 생각했다면 나라면 어떻게 바꿀지 생각해야지. 어떻게 해야 그 가게를 좋은 가게로 바꿀 수 있을지 생각하는 것도 자기 가게에 도움이 되는 일이거든. 모처럼 시간과 돈을 들여서 발품을 팔았는데 아무것도 못 얻고 돌아가면 손해잖아.

같은 업종이 아니어도, 장사가 잘되는 가게라면 꼭 한 번 살펴볼 가치가 있어. 메뉴든, 인테리어든 무언가 반드시 배울 게 있거든. 다른 가게의 매력을 훔치는 것도 능력이야.

우리 가게는 아무래도 동문(同門)이 많아서 그 녀석들 가게에 자주 들리는데, 그중에는 굉장하다고 질투가 느껴질 정도로 멋진 가게를 꾸리고 있는 녀석도 있어. 그런 가게를 보면 자연스레 나도 어깨가 무거워지지. 괜히 없던 부담감도 느끼고. 나도 더 좋은 가게를 만들어 보이겠다는 일종의 결심이랄까. 당연하잖아. 그 가게에서 일하는 녀석들보다 우리 가게에서 일하는 녀석들을 더 행복하게 만들어주고 싶으니까. 다른 가게를 시찰하러 가는 건 스모 선수가 다른 도장에 가서 연습하는 것과 마찬가지라고 생각해. 라이벌의 도장을 찾아 그곳에서 자신을 단련해서 힘을 키우는 일이잖아.

물론 주변에 동문이 연 가게가 없는 사람도 있을 거야. 그렇다면 주위에 있는 다른 가게들은 전부 동문의 가게라고 생각해봐. 평범한 아저씨나 아줌마가 하는 가게라도 무엇을 훔칠 수 있는지가 중요한 거야. '훔칠 수 있는' 능력이 없다면 가게를 성공시키기 힘들어. 나는 그렇게 생각해.

멋진 결혼식을 연출할 수 있다면 반드시 성공한다

나는 지금까지 우리 가게에서 독립한 녀석들을 포함해서 100번 넘게 결혼식에 참석해왔어. 이렇게 많은 결혼식에 다니면서 깨달은 사실이 있는데, 멋진 결혼식을 올리는 친구들이 꼭 가게를 성공시키더라고. 결혼식 피로연은 결국 초대받은 손님들이 비싼 축의금을 내고 참석하는 자리잖아. 피로연이 끝난 뒤에도 그 결혼식이 기억에 남는 이유는, 자기가 낸 돈 이상으로 감동했기 때문일 거야. 그런 정도의 감동을 연출할 수 있는 사람의 가게라면 반드시 성공하게 돼 있어.

결혼식은 인생 최대의 이벤트야. 물론 웨딩 플래너에게 전부 맡겨버리는 사람도 있지만, 일생일대의 무대를 자기 스스로 연출할 수 없는 사람이 즐거운 가게를 차릴 리 없잖아. 생각해봐. 인테리어 회사에 가게의 인테리어를 전부 떠넘기고, 메뉴도 전부 업자에게 맡기는 가게를 상상할 수 있겠어? 그렇다고 어렵게 생각하지 마. 꼭 화려할 필요도 없어. 진심이 담긴 결혼식은 누구라도 할 수 있으니까.

얼마 전에 독립한 어떤 녀석은 레스토랑에서 결혼식 피로연을 열었는데, "오늘은 우리 가게 2호점의 임시 영업일입니다. 단 하루만 영업하는 특별한 가게니까 마음껏 즐겨주세요."라는 인사말로 피로연을 시작했어. 그 한마디로 자리에 참석한 사람들은 피로연을 더욱 특별하게 즐길 수 있었지.

10평밖에 되지 않는 자기 가게에서 피로연을 한 녀석도 있어. 좁으니까 3팀으로 나눠서 손님을 치렀지만. 하하. 손님들에게 돌리는 선물(일본에서는 결혼식 피로연에 참석한 손님들에게 답례품을 준비한다–편집자주) 대신 쿠폰을 받았어. 녀석은 쿠폰을 나눠주면서 "다음에 우리 가게에 오시면 술 한 병 서비스하겠습니다. 유효기간은 3년이에요."라고 말하더라고. 소박하지만 정말 멋진 아이디어라고 생각했어. 신랑을 포함한 참석자 전원의 드레스코드가 화려한 하와이언 셔츠인 피로연, 호텔이지만 바닥에 다다미를 깔고 진행한 결혼식, 신랑신부가 직접 만든 웨딩케이크를 식장 한가운데 놓아둔 결혼식도 기억에 남는 즐거운 결혼식이었지.

최근에는 레스토랑이나 호텔도 피로연에 많은 신경을 쓰고 있어. 어떤 레스토랑은 오픈 키친이었는데, 요리 나올 때가 되니까 주방에 있던 직원들이 갑자기 손님 쪽을 보고 한 줄로 늘어서는 거야. '뭘 하려는 거지?' 하고 궁금해하고 있는데 요리사가 오늘의 요리를 자세하게 설명하기 시작했어(일본의 결혼식 피로연은 코스요리로 진행된다–편집자주).

마치 텔레비전 요리 프로그램처럼 말이야. 요리사가 설명하는 동안 나머지 직원들은 모두 웃는 얼굴로 서 있었지. 레스토랑에서 진행되는 피로연은 조용한 분위기에서 요리가 차례대로 나오기 때문에 딱딱해지기 쉬운데, 편안한 분위기를 만들어줘서 그런지 다른 피로연보다 몇 배는 더 기억에 남아.

지금은 독립해서 자기 가게를 운영하는 둘째 아들 결혼식에는 재미있는 목사님이 등장했지. 교회에서 올리는 결혼식은 성경 구절을 읽거나 찬송가를 부르거나 익숙하지 않은 게 많아서 왠지 불편하잖아 (일본은 기독교나 천주교 신자가 많지 않다–편집자주). 그런데 그 목사님은 "여러분, 솔직히 '아멘'이라고 하는 거 어색하시죠? 어렵게 생각하지 마시고 그냥 '안녕하세요'라고 생각하세요."라는 한마디로 참석자 모두의 마음을 편안하게 해줬어. 신랑신부의 혼인서약도 형식적이고 딱딱한 내용이 아니라 일상적인 단어로 채워졌지.

이 목사님은 하객들이 신혼부부를 진심으로 축복하는 결혼식, 모두의 기억에 남는 결혼식이 될 수 있도록 최선을 다한 거야. 손님을 즐겁게 해주려고 노력하는 가게와 같은 마음으로 말이야. 목사님도 이렇게 사람들을 즐겁게 해주는데, 이자카야에서 장사하는 우리들이 손님을 즐겁게 만들지 못한다면, 부끄럽지 않을까?

청소가 '망하지 않는 가게'를 만든다

결혼식처럼 특별한 이벤트가 아니어도, 아주 평범한 거라도 가게의 성패를 좌우하는 비결이 될 수 있어. 매년 느끼지만 새해 첫날 아침은 특별한 기분이 들어서 좋아. 태양은 매일 뜨지만, 1월 1일은 새해를 맞이하면서 새로운 각오를 하게 되니까 평소보다 아침 해가 더 빛나 보이잖아. 그래서 왠지 기분이 좋아져.

가게도 마찬가지야. 가게를 열면 수십 년 동안 장사의 길로 들어서게 되는데, 매출이 올라가기만 하는 가게는 존재하지 않아. 때로는 사회 전반적으로 불경기라는 게 찾아오거든. 손님이 줄거나 매출이 떨어지는 시기는 반드시 오게 돼 있어. 그렇다고 우울한 기분으로 아침을 맞이해서 좋을 건 없잖아. 힘들 때일수록 가게를 새로 오픈하는 마음가짐으로 처음부터 다시 시작해보자고. 새해를 맞이할 때 각오를 새롭게 다지는 것처럼, 내일은 새로운 마음으로 기분 좋게 장사를 시작하는 거야.

새롭게 시작하려면 먼저 가게 청소부터 하는 게 좋아. 손님을 끌어들이는 활기찬 분위기와 맛있는 요리도 중요하지만, 역시 가게에서 제일 중요한 건 청결이거든. 손님 수가 줄고 매출이 떨어질 때의 원인을 살펴보면, 근처에 생긴 다른 술집 때문이 아니라 의외로 가게의 청소 상

손님이 줄고 매출이 떨어질 때의 원인을 살펴보면, 근처에 생긴 다른 술집 때문이 아니라 의외로 가게의 청소 상태가 불량해서 그런 곳도 많아.

태가 불량해서 그런 곳도 많아. 주방이나 테이블 주변이 더럽다면 변명의 여지가 없겠지만, 그 외에도 체크할 부분은 많지. 전등갓에 먼지가 쌓여 있지는 않은지, 화장실에 여분의 화장지를 마구잡이로 쌓아놓지는 않았는지 하나하나 꼼꼼히 확인해보는 거야.

청소할 수 있는 곳이라면 한 곳도 빠트리지 말고 새로 가게를 오픈하는 마음으로 구석구석 철저하게 청소해봐. 가게의 모든 곳들이 손님에게 보여줘도 부끄럽지 않을 정도로 깨끗해지면 틀림없이 직원을 볼 때도 자신이 생길 거야. 그러면 신기하게도 가게의 '영업력'이 올라가지. 연말 대청소를 한 뒤라고 방심해서는 안 돼. 청소를 꾸준히 계속해나가는 게 무엇보다 중요하니까.

우리 가게들 중에서 활기를 잃은 곳이 하나 있었는데, 마음을 새롭게 먹으라는 의미에서 모두에게 대청소를 시켰어. 전 직원이 머리를 삭발하고 말이야. 그러자 직원들의 표정이 180도 변했어. 조금 지나서 가게를 보러 갔더니 직원 한 명이 "통풍관 위까지 청소했어요!"라며 눈을 빛내면서 말하더라고. 주방이나 수납장까지 잘 닦아놓아서 가게가 말 그대로 번쩍번쩍 빛났는데, 직원들도 가게가 깨끗해졌다며 진심으로 기뻐했어. 가게가 청결하고 직원들도 기운차고 즐겁게 일하면 손님들도 분명히 가게의 장점을 알아주게 되는 법이야.

물론 당장 내일 매출이 오른다는 얘기는 아냐. 하지만 생각해봐. 정말 철두철미하게 청소하고 나서 "이렇게까지 했는데 손님이 안 온

새로 가게를 여는 마음으로
구석구석 깨끗하게 청소해봐.
분명 매출이 오르게 되어 있어.

누구라도 가게로 성공할 수 있다

누구라도 가게로 성공할 수 있다

다면, 그건 안 오는 손님이 이상한 거지!" 하고 당당하게 말할 수 있는 가게가 얼마나 될까?

청소는 농부가 쌀이나 채소를 기르는 일과 비교할 수 있지. 우리는 농부가 힘들게 길러낸 작물을 썰어서 접시에 올리기만 하면 돈을 벌어. 그러니까 청소라도 열심히 하지 않으면 그분들을 볼 면목이 없는 거야. 세상에 술집만큼 편한 장사는 없다니까. 나는 장사하는 게 너무 즐거워. 직원들도 어떤 일이라도 즐거운 마음으로 하기를 바라. 그게 손님들이 오고 싶어 하는 가게를 만드는 비결이기도 해. 청소, 아니 뭐라도 한 가지를 열심히 하면 자신감이 붙고, 언젠가는 매출에도 영향을 미치게 되지. 놀랍게도 말이야.

장사는 사회의 경제 상황에 좌우되기도 해. 하지만 가게가 망하는 원인은 반드시 가게 안에 있어. 생각해봐. 저 앞에 있는 채소가게에서 50엔에 사온 토마토를 냉장고에 넣었다가 잘라서 내놓기만 하면 300엔을 받을 수 있는 게 우리 장사잖아. 같은 가게라도 옷가게와는 달라. 우리 가게에 들어온 손님은 반드시 물건을 사준다고. 이 장사는 망할 리가 없는 거야. 그러니까 노력한다면 언젠가는 반드시 눈부신 아침이 찾아올 거야. 나는 그렇게 믿고 있어.

PART 2

'재미'가 없는 메뉴는 '맛'도 없다

손님들이 좋아하는 메뉴를 만드는 법

달걀 하나로 인기 있는 가게를 만들다!

이자카야에서 어떤 음식을 팔지, 어떻게 메뉴를 짤지는 굉장히 중요해. 많은 이들이 고민하는 부분이지. 대부분의 사람들이 특이하고 재미있는 메뉴를 만들고 싶어 하지만 내 생각은 좀 달라. 잘 팔리는 메뉴는 지극히 평범한 거라고 생각해. 가령 달걀말이 같은 거. 쇼와 시대의 오오요코즈나(스모의 천하장사에 해당하는 지위-편집자주) 다이호가 세상을 떠났는데, 한때 어린이들이 좋아하는 건 '도쿄 자이언츠, 다이호, 달걀말이'라는 말이 있었어. 흔하디흔한 달걀말이지만 아이들이 좋아하는 것 베스트3에 들 정도로 엄청난 힘을 가지고 있는 거야. 그 파워는 지금도 그대로지.

음식점을 하는 사람에게 달걀만큼 고마운 재료는 없을 거야. 달걀은 모든 편의점의 베스트3에 반드시 들어갈 만큼 누구나 좋아하는 음식이지만 원가는 아주 저렴하거든. 10개들이 한 팩을 150엔에 사서 달걀말이 3개를 만들면 하나에 45엔이 드는 셈인데, 그렇게 만든 달걀말이는 열 배 이상의 돈을 받고 팔 수 있지.

다른 재료와 함께 요리하면 달걀말이뿐 아니라 여러 종류의 음식을 만들 수도 있잖아. 게다가 "파 넣을까요?" "네. 많이 넣어주세요." 처럼 주문을 받으면서 손님과 자연스럽게 얘기도 나눌 수 있지. 가게에서 팔고 있는 달걀말이가 좀 크다면 테이블에 앉아 있는 손님들에게 "절반 사이즈로 만들어드릴 수 있는데 어떠세요?"라고 권해보는 것도 좋은 생각이야.

달걀말이를 잘 만들지 못해도 문제 될 건 없어. 처음에 만든 달걀말이의 모양이 안 예쁘면 손님들과 이야깃거리로 삼으면 되니까. "다음에 오시면 완벽한 달걀말이를 만들어드릴게요."라는 식으로 말이야. 그리고 한 달 뒤에는 잊지 말고 손님에게 완벽한 달걀말이를 보여주는 거야. 그러면 손님은 "와, 솜씨가 정말 많이 늘었는데요."라며 기뻐해줄 거야. 물론 한 달 전 대화를 기억하고 있는 직원에게도 애정을 갖게 될 거고.

"저는 아직 만드는 게 서투르니까 250엔, 솜씨가 좋은 직원이 만든 달걀말이는 450엔입니다. 어느 쪽으로 하시겠어요?" 하고 제안하는 것도 재미있는 아이디어라고 생각해. 달걀말이 하나로 손님에게

모든 사람들이 좋아하는
평범한 메뉴를 준비해봐.
그리고 어떻게 팔지를
연구하면 돼.

웃음을 줄 수 있잖아.

우리 가게에서 독립한 녀석 하나가 '돈페야키'라는 걸 팔고 있어. 돼지고기를 얇게 부친 달걀로 말아서 만드는 요리인데, 일종의 변형된 달걀말이라고 볼 수 있지. 이 가게에서는 손님들 바로 눈앞에 있는 철판에서 만들고 있어. 날달걀이 금세 얇고 노란 달걀부침이 되고 그 위에 고기를 얹지. 이걸 둘둘 말아서 자르고 소스와 마요네즈를 뿌리면 돈페야키 완성! 손님이 보고 있는 동안 점점 다른 모습으로 변해가는 이런 메뉴는 인기가 많을 수밖에.

그 친구는 말이야. 달걀부침을 뒤집거나 고기를 뒤집을 때 "얼쑤! 얼쑤!" 하고 추임새를 넣으면서 일부러 동작을 크게 하는데, 그걸 보고 있으면 저절로 흥이 나. 가게에 처음 온 손님이라도 신이 나서 함께 "얼쑤! 얼쑤!" 하고 따라 한다니까. 요리를 주문한 손님은 물론 철판 가까이에 앉아 있는 손님들도 다 함께 추임새를 넣기 때문에 가게 전체가 들썩거려. 손님들 목소리가 커지면 가게 주인도 점점 신이 나는 굉장한 메뉴야.

달걀말이가 아니라도 상관없어. 모든 사람들이 좋아하는 평범한 메뉴를 준비하는 거야. 대신 평범한 음식이니까 어떻게 하면 잘 팔릴지 방법을 연구해봐야지. 돈페야키도 그냥 접시에 담아서 내놓는 식이었다면 인기 메뉴가 되지는 못했을 거야. 평범한 메뉴를 많이 팔려면 '파는 방법'이 무엇보다도 가장 중요하니까.

평범한 메뉴에서 답을 찾아라

우리 가게에서 독립한 직원들은 대부분 몇 년이 지나면 2호점을 열게 되지. 가게는 역시 하나보다 둘, 둘보다는 셋을 가지고 있는 편이 안정된 경영을 할 수 있으니까. 하지만 나중에 시작한 가게들이 1호점처럼 순조롭게 풀릴지는 누구도 장담할 수 없어. 실제로 고전하는 모습을 많이 보기도 하고.

첫 번째 가게는 손님들이 가게 주인을 직접 만날 수 있어서 장사하기가 쉬워. 요리를 못하는 회사원 출신의 아저씨가 "제가 칼질이 서툴러서요."라면서 모든 재료를 손으로 뜯어서 음식을 만들어주는 가게가 있다고 상상해봐. 재미있지 않겠어? 손님들과 대화하면서 자연스럽게 인생 경험이 녹아나오는 분위기 있는 가게가 될 거야. 이런 가게에는 자연히 팬들이 생기기 마련이지.

하지만 2호점, 3호점은 점주가 항상 가게에 있는 게 아니라서 아무래도 가게의 개성이 약해질 수밖에 없어. 라쿠 코퍼레이션도 점장들이 독립해서 떠나가면 새로운 점장을 파견하고 있어서 비슷한 고민을 안고 있거든. 가게의 매력이 떨어졌다고 생각되면 현장에서 일하는 직원들에게 메뉴에 신경 쓰라고 충고하지. 인기 있는 메뉴가 있으면 점장에게 의존하지 않아도 손님을 불러 모을 수 있으니까. 내가 생각하는 인기 메뉴는 니쿠자가(감자와 소고기를 간장, 술, 설탕 등으로 간해서 졸

인 요리로 일본의 대표적인 가정요리—편집자주)나 마파두부처럼 가장 평범한
거야. 하지만 분명히 평범한 메뉴를 생각해보라고 했는데, 젊은 녀석
들은 자꾸 색다른 메뉴에 도전해보려고 하지. 노력하는 건 고마운 일
이지만 그 방향이 잘못됐어.

어느 날, 우리 가게 중 한 곳에 가서 고로케를 주문했거든? 그런
데 세상에, 통째로 튀긴 고구마에 타르타르 소스를 얹은 요리가 나온
거야. 어이가 없었어. 그래, 분명히 재미있는 요리이기는 해. 하지만
손님이 고로케를 주문하면, 그건 아마도 일반적인 고로케가 먹고 싶
은 걸 거야. 평범하지 않은 고로케는 설령 맛있게 먹었다고 하더라도
다시 주문할 가능성이 희박해. 하지만 평범한 고로케가 맛있으면 손
님은 "그 가게 고로케가 참 맛있었는데." 하고 기억해주지. 이런 게
평범한 요리의 힘이야.

야키소바도 마찬가지야. 매일 다른 스타일로 일본 각 지역의 명
물 야키소바를 만들어 팔면 어떻겠냐는 아이디어가 나오곤 하지. 하
지만 생각해봐. 손님이 "전에 먹은 야키소바 맛있었어. 같은 걸로 부
탁해요."라는데 "죄송해요. 그 야키소바, 오늘은 없답니다."라고 할
수는 없잖아. 손님을 불러 모으는 인기 메뉴는 가게에서 언제나 먹을
수 있는 메뉴여야 해. 하나라도 상관없어. "우리 가게 야키소바 진짜
맛있어요. 꼭 드셔보세요."라고 자신 있게 권할 수 있는 메뉴를 만들
어야지.

후쿠오카의 한 가게에서 함박스테이크를 시켰더니 함박스테이크 위에 달걀프라이하고 어니언링을 산더미처럼 얹어주는 거야. 달걀프라이를 자르니까 반숙에서 노른자가 주르륵 흘러나왔지. 먹는 내내 굉장한 메뉴라고 감탄하면서 먹었어. 기발한 메뉴는 아니지만 아직도 기억에 선명하게 남아 있어. 손님을 불러들이는 메뉴는 바로 이런 메뉴라고 생각해.

요리에 자신이 없다면 먼저 대표 메뉴를 정해봐. 전문 요리사가 아니라도 누구나 한 가지 요리는 잘할 수 있으니까. 그러다 보면 나만의 메뉴를 만들 수 있을 거야.

일단 어떤 음식을 가게의 대표 메뉴로 결정했다면 나머지는 간단해. 전문 요리사가 아니라도 누구나 노력하면 맛있는 고로케나 야키소바를 만들 수 있어. 한 가지 요리를 계속해서 만들다 보면 당연히 모든 요리를 맛있게 만드는 방법을 터득할 수 있거든. 맛있는 고로케를 만들 수 있다면, 굴튀김도 새우튀김도 맛있게 만들 수 있게 되지. 평범한 메뉴는 이렇게 다른 메뉴들로 점점 요리의 범위를 넓힐 수 있게 해줘. 평범하지만 여러모로 최강이라고 할 수 있지. 자신 있게 내놓을 수 있는 평범한 메뉴가 다섯 가지만 있으면 손님은 반드시 찾아오게 돼 있어. 분명 이런 메뉴들이 2호점, 3호점의 든든한 조력자가 돼줄 거야.

성공한 가게의
롤모델은
디즈니랜드

이자카야라는 곳은 말이지, 손님이 놀러 오는 곳이야. 마치 디즈니랜드처럼. 프렌치 레스토랑이나 고급 초밥집에 가면 아무래도 조금씩 긴장하게 되잖아. 이자카야는 그런 가게와는 전혀 다른 곳이야. 다들 꾸밈없는 모습으로 편하게 마시고 싶어 해. '즐겁게' 먹고 마시고 싶은 거야. 디즈니랜드처럼 즐기고 싶은 곳으로 만들면, 어린 시절에 좋아하던 맛이라든지 재미있는 음식 이름 하나가 손님을 감동시킬 수 있어.

어느 가게에서 가리가리쿤(여름이면 품절 사태가 빚어질 정도로 인기가 많은 아이스바. 하나에 70엔 정도로 가격도 저렴하다-편집자주)을 넣은 하이볼을 발견했을 때, 나는 이런 메뉴야말로 우리 이자카야에서 팔아야 할 메뉴라고 감탄했어. 손님들이 어린 시절에 즐겨 먹던 음식을 절묘하게 활용한 메뉴는 이자카야의 큰 무기가 돼. 좀 극단적인 표현일지도 모르지만 반드시 맛있는 요리를 만들 필요는 없어.

우리 가게에서 독립한 한 녀석은 파가 들어간 만둣국을 '살살 녹는 라비올리'라는 이름으로 팔고 있어. 이탈리안 레스토랑이라면 야유를 받았겠지만, 이자카야에서는 오히려 다들 재미있다는 반응을 보이지. '요리가 서툴다'는 게 오히려 무기가 될 수도 있어.

요리만이 아냐. 인테리어도 꼭 화려하고 멋지지 않아도 얼마든지 인기를 끌 수 있어. 처음 다다미나 이로리(일본식 전통 실내 화로-편집자주)를 이자카야에 들여왔을 때 사람들 사이에 화제가 되었지. 가자나와에 여행을 갔을 때였어. 다다미 식으로 된 식당에 들어갔더니, 젊은 여자 손님들이 "와, 다다미다, 미닫이문이다." 하면서 좋아하더라고. 그걸 보고 반드시 유행할 거라고 생각했어. 그래서 그런 풍의 이자카야를 시작했는데, 한순간에 대기업 이자카야 체인에서 따라 하는 바람에 비슷한 가게들이 늘어났어.

입구를 쪽문처럼 만든 건 다실에서 힌트를 얻은 거야. 다도의 세계에서는 차를 마실 때는 누구든 같은 신분이기 때문에 머리를 숙이고 다실에 들어가거든. 그건 술을 마실 때도 마찬가지야. 사장이든 과장이든 누구나 동등하다고 생각하고, 모든 사람이 머리를 숙이고 들어가는 가게가 좋지 않을까 해서 만든 가게일 뿐이야. 내 머리가 좋아서 이런 아이디어가 성공한 건 아냐. 전부 내가 생각해낸 게 아니라, 어딘가에서 힌트를 얻어서 활용한 거야. 이 아이디어를 우리 가게에 어떻게 적용할까, 어떻게 해야 고객을 즐겁게 할 수 있을까를 항상 생각한 덕분이지.

> 손님들이 어린 시절에 즐겨 먹던 음식을 절묘하게 활용한 메뉴는 이자카야의 큰 무기가 돼. 서투를수록 자꾸 이기기 위한 무기를 생각하게 되거든.

먹는 장사라는 건 말이지, 언제나 이것저것 생각해야 돼. 간단한 예를 들어볼게. 낡은 카운터가 있는 가게에서 따끈하게 데운 술을 내올 때는, 매끈한 도쿠리보다는 울퉁불퉁한 주전자가 어울려. 만일 술을 시킨 게 여자 손님이면 더욱더 효과 만점이지. 주전자로 술을 따라주는 흔치 않은 광경을 본다면, 남자 손님들은 당연히 "어, 그거 술인가요?"라고 물어볼 거야. 하지만 도쿠리로 술을 마시는 여자 손님들에게 그게 술이냐고 물어오는 사람은 거의 없겠지. 누가 봐도 술이니까. 그때 "이렇게 마시면 맛있어요."라고 여자 손님이 한마디 해주면 엄청난 홍보효과 아니겠어? 다른 손님들도 마셔보고 싶다는 생각이 들겠지.

이렇게 손님들끼리 대화하도록 만들어주는 게 가게 주인의 역할이야. 우리 같은 사람들은 '실력이 부족하다'는 걸 전제로 하고 가게를 꾸려갈 필요가 있어. 맛있는 스시를 만들 실력이 있으면, 당연히 스시집을 하겠지. 그만한 실력이 없으니까 자꾸 이기기 위한 아이디어를 떠올릴 수밖에.

'이거다' 하는 메뉴가 있다면 가게가 좁아도 손님은 온다

나는 요즘 어떻게 해야 이자카야가 살아남을 수 있을지 심각하게 고민하고 있어. 우리 가게에서 독립한 직원들 중에도 가게 운영이 힘겨워진 친구들이 나오기 시작했거든. 그래서 앞으로 독립할 친구들과 낙담하고 있는 졸업생들에게 희망을 주려고 새로운 가게를 시작했어. 아주 좁은 가게지. 어깨가 부딪힐 정도로 손님들이 가깝게 앉는 가게야. 손님이 외롭다고 느낄 틈을 주지 않는 곳을 만들고 싶었거든. 이래저래 퇴짜를 놓으면서 도면을 고르다가 결국 13평 공간에 45명이 들어갈 수 있는 가게를 만들었어.

안주는 한 접시에 200~450엔 정도. 모둠회 두 종류를 800엔에 팔고 있어. 술은 병맥주가 대, 중, 소 모두 사이즈 상관없이 480엔. 잔으로 파는 술은 한 잔에 300엔대야. 메뉴에는 따뜻하게 덥힌 일본 술도 있어. 옛날 다리 밑에서 볼 수 있던 허름한 이자카야를 떠올리며 만들었어.

나는 지금까지 가게를 열 때마다 항상 포장마차처럼 정감 있는 옛날 이자카야의 이미지를 떠올렸는데, 의도한 건 아니지만 요즘 우리 가게들은 너무 깔끔하게 정돈되어 있더라고. **하지만 다르게 생각해보면 지저분한 달력이 걸려 있어도 사람과 사람이 정을 나눌 수 있는 이자카야는 절대 망하지 않아.** 플라스틱 맥주 박스 위에 판자를 얹은 엉성한

사람과 사람이
정을 나눌 수 있는 이자카야는
절대 망하지 않아.

테이블에서도 손님들은 신이 나서 술을 마시지. 그래서 이번에 시작하는 가게는 '너무 깔끔하지 않은' 가게로 만들고 싶었어.

메뉴는 백화점 지하 반찬 코너에서도 많은 아이디어를 얻었는데, 최근에는 편의점에서 파는 반찬에 주목하고 있어. 대형 편의점 체인점들에 가보면 상당히 다양한 종류의 반찬을 팔고 있는데, 언제 가든 잘 팔리더라고. 고등어 된장조림이나 감자 샐러드, 가라아게(간을 해서 튀긴 순살 닭튀김으로 반찬이나 안주로 먹는다—편집자주)가 대표적인 메뉴야. 모두 술안주로 먹기에 딱 좋은 것들이지.

막대한 자본과 정보력을 갖춘 편의점이 수많은 조사와 연구를 통해서 출시한 반찬이니까 당연히 참고할 만한 가치가 있어. 백화점 지하 반찬 코너에 비해서 편의점 반찬들은 집밥에 가깝다고 보면 돼. 결국 사람들이 매일 먹고 싶어 하는 음식은 우아해 보이는 샐러드가 아니라 어머니가 만들어주던 고등어 된장조림 같은 음식 아닐까? 편의점에서도 팔고 있을 정도니까. 편의점과 같은 메뉴를 팔더라도 '막 튀겨낸 따끈따끈 가라아게'처럼 식욕을 돋우는 맛있어 보이는 메뉴로 만드는 법은 얼마든지 있어. 따뜻한 사람들과 함께 저렴한 가격에 먹고 마실 수 있으니 편의점은 간단하게 이길 수 있지.

가게를 찾아온 여자 손님들에게 "우리 가게는 ○○가 맛있어요."라고 이런저런 메뉴를 추천해주는 것도 중요해. 딱히 특별한 말은 아니지만, 안 하는 것보다 하는 편이 훨씬 도움이 돼. 이때 주의해야 할

점은 상대방과 '얘기하는 것'을 목적으로 하면 안 된다는 거야. 손님을 대할 때 항상 염두에 두어야 하는 점이지. 얼마 전 시찰을 갔던 가게에서는 직원이 손님에게 지나칠 정도로 말을 걸고 있었어. 그런 모습을 보면 '이 가게는 한가한가? 손님이 없나?' 싶은 생각이 들지.

이상적인 가게는 직원들이 땀을 흘리면서 가게를 누비고, 손님들과 말 한마디 나눌 틈도 없이 바쁜 곳이야. 손님들도 직원과 긴 얘기를 나누는 것보다 활기찬 가게에서 술을 마시는 게 즐겁지. 그런 가게로 만들기 위해 노력하는 거라면, 얘기하는 걸 목적으로 손님을 대하면 안 되는 거야.

손님을 직접 움직이는 메뉴를 만들어라

처음 독립을 준비할 때, 자기만의 컨셉을 만드는 데 집착하는 사람이 있어. 다른 가게를 따라 하는 건 부끄러운 일이라며 필요 이상으로 개성에 집착하는 사람들 말이야. 하지만 나는 누군가를 흉내 내는 게 전혀 부끄러운 행동이 아니라고 생각해. 다른 가게를 시찰하러 갔을 때 마음에 드는 부분을 찾으면 망설이지 말고 자기 가게에 맞춰서 적용하는 거야.

우리 가게에서 독립하려는 녀석들은 가게를 시작하기 전에 선배들의 가게를 둘러보지. 바로 좋은 점을 따라 하기 위해서야. 괜히 부끄러워할 필요 없어. 따라 한다고 해도 그걸 자기 가게에 어떻게 적용하는지는 전적으로 본인의 능력에 달려 있으니까. 나는 우리 가게의 메뉴는 물론이고, 그 외에도 좋다고 생각되는 부분이 있으면 얼마든지 따라 해도 좋다고 해. 가게를 시작할 때는 그 정도 욕심은 부릴필요가 있어. 어떤 가게는 독립하는 직원이 같은 거래처를 쓰지 못하게 막기도 한다는데, 나는 그런 부분은 전혀 신경 쓰지 않아.

나는 함께 일하는 직원들에게 '은혜와 인연'에 관해서 자주 얘기해. '은혜'는 우리 가게에 있는 동안 열심히 일해서 자기 가게를 성공시키는 걸로 갚으라고 말하지. 결국 가게를 떠나게 되면 남는 건 '인연'뿐이라고. 그러니까 우리 가게의 아이디어를 훔쳐서는 안 된다든가, 같은 업자를 쓰는 건 배신이라는 생각은 하지 말라고. 나는 내게서 독립한 직원이 원조가 질투할 정도로 좋은 가게를 만들어낸다면오히려 기쁠 거 같아.

우리 가게에서 독립해서 아주 괜찮은 가게를 꾸려가는 친구가 있어. 누구보다 성실한 녀석이지. 이자카야 주인은 아무래도 '잘 노는사람'이 손님에게 인기가 많은데, 이 녀석은 농담도 통하지 않는 진지한 성격이었어. 하지만 선배들 가게의 메뉴를 가지고 와서 그 단점을커버하더군. 스팀채소인데, 찜 요리로 유명한 선배 가게에서 배운 거

결국
사람들이 먹고 싶어 하는 건
어머니가 만들어주신
편안한 요리가 아닐까.

야. 손님들에게 찜기를 나눠주고 뷔페 스타일로 먹고 싶은 채소를 직접 골라 담게 했지. 그렇게 모인 찜기를 커다란 찜통에 넣고 쪄내는 거야. 손님용 찜기는 미디엄, 라지 두 종류의 사이즈로 준비해놓고. 바로 쪄주니까 신선한 느낌이 들잖아. 손님들은 뭔가 직접 하는 걸 좋아하거든. 그 친구는 손님하고 대화하면서 분위기를 띄울 수 있는 성격이 아니라서, 이렇게 손님들을 움직이게 해서 '즐겁게' 만드는 메뉴를 서비스하고 있는 거야. 굉장히 좋은 발상이지 않아?

처음 가게를 시작하기 전에는 10평쯤 되는 가게를 찾았는데, 지금은 그 두 배가 넘는 평수의 가게를 운영하고 있어. 계획과는 차이가 있었지만 좋은 가게를 찾은 덕분이지. 주변에 대학교와 주택가가 있고 지하철역에서 걸어서 2~3분밖에 걸리지 않았거든. 1층인데 월세도 저렴했고. 나는 가게 오픈에 대해서 그 친구와 상의하던 중에 조건을 듣자마자 곧바로 "아주 괜찮은데?" 하고 말했어. 신기하게도 얘기를 듣기만 해도 가게의 이미지가 눈앞에 떠오르더라고.

하지만 초기에는 아무래도 손님 수가 일정하지 않잖아. 그래서 처음에는 가게 안쪽에 파티션을 쳐서 가게를 좁게 쓰는 게 좋다고 귀띔했어. 일부러 가게를 좁아 보이게 연출해서 손님이 많은 것처럼 보이게 하고, 주말에만 파티션을 치우고 넓게 쓰면 훨씬 효과적이라고 알려줬지. 처음부터 파티션을 준비할 필요가 없을 정도로 손님이 많았던 모양이지만. 그리고 가게 입구 쪽은 테라스로 만들어보는 게 어떻겠냐는 제안도 했어. 밖에서 사람들이 술 마시고 있는 걸 보면 지나가는 사람도 술이 마시고 싶어지거든. 이 가게는 오픈까지 2년 반이나 걸렸어. 대신 준비에 쏟은 에너지만큼 훌륭한 가게를 만들었지. 이런 가게를 만나는 건 내일을 향한 원동력이 돼.

돈이나 재주가 없어도
요리는
잘할 수 있다

올림픽이 열리는 즈음 방송에서 선수들 인터뷰를 보고 있으면, 오랜 연습을 통해 금메달을 딴 베테랑 선수라도 시합 전날에는 긴장해서 잠을 못 잤다고 말하는 모습이 종종 보이곤 하지. 그런 선수와 비교할 수 없을지도 모르지만, 나도 옛날에는 다음날 장사가 불안해서 잠을 이루지 못한 적이 있어. 운동선수는 시합에서 이기기 위해 힘든 훈련을 참고 견디며 경기에서 어떻게 싸워야 할지 매일 고민하지. 우리도 마찬가지야. 장사에서 '승리'하기 위해 모든 방법을 동원해서 준비하고 있잖아.

스포츠의 세계에서 라이벌을 쓰러뜨리는 방법이 하나가 아닌 것처럼, 이자카야의 세계에서도 승리를 얻는 방법은 수없이 많아. 가게

마다 자기만의 방법을 가지고 있지. 손님에게 토마토를 내놓을 때도 통째로 내놓을지, 잘라서 내갈지, 아니면 데쳐서 껍질을 벗길지 여러 방법이

어떤 일이든 잘 풀리지 않을 때가 있어. 불안해하는 건 당연해. 그럴 때는 왜 실패했는지 하나하나 짚어보면 되는 거야.

있는 것처럼. 토마토에 곁들이는 양념도 소금으로 할 건지, 마요네즈로 할 건지를 정해야 해. 토마토 하나를 손님 앞에 내는 데도 이렇게 많은 경우의 수가 있어. 바냐 카우다(진한 안초비 소스에 신선한 채소를 찍어 먹는 요리)의 채소도 그냥 내갈지 아니면 양동이에 한꺼번에 담아서 내갈지 여러 방법을 떠올릴 수 있잖아.

'내 가게를 승리로 이끌 수 있는 방법은 뭘까?' '힘들게 준비했는데 이 방법이 정말 손님들을 끌어모을 수 있을까?' 가게를 하는 사람이라면 누구나 불안을 느끼게 돼 있어. 나도 불안감과 스트레스 때문에 한때 머리에 원형탈모가 생긴 적도 있는걸. 하하. 있잖아, 가게 주인이라면 어느 정도 '불안함'을 느낄 필요가 있다고 생각해. 아예 없는 쪽이 이상한 게 아닐까. 불안함을 느끼면 그걸 없앨 방법을 열심히 궁리하게 되잖아. 물론 노력해도 일이 잘 풀리지 않을 때도 있어. 그럴 때는 왜 실패했는지를 생각해보면 되는 거야.

스포츠의 세계에서는 아무리 유명한 선수라도 경기에서 질 때가 있지. 그때는 자기 컨트롤이 부족했는지, 기술이 부족했는지 등 자기가 왜 졌는지 원인을 분석해. 졌을 때는 그만한 이유가 있는 법이거든. 장사도 마찬가지야. 실패한 이유를 하나하나 지워간다면 언젠가

는 '승리'를 손에 넣게 될 거야.

올림픽에 출전했던 어떤 선수가 "올림픽에서 패배를 겪은 후 더 강해질 수 있었다."고 인터뷰한 적이 있어. 우리도 마찬가지로 '패배'를 거울삼아 더 좋은 가게를 만들 수 있어. 처음에는 가게가 잘 안 되더라도 패배를 반복하는 동안, 반드시 승리의 비결을 찾을 수 있으니까 포기해서는 안 돼. 문제는 자기 가게를 차린 것에 만족해서 더 이상 승부하려고 하지 않는 케이스야. 가게 오픈은 이제 겨우 출발선에 선 것에 불과한데 말이야.

승부를 포기한 사람의 가게는 메뉴판에서도 열의가 느껴지지 않아. 맞춤법 정도는 조금 틀려도 상관없지만, 그저 요리 이름을 나열해놓은 메뉴판으로는 다른 가게와 싸워서 이길 수 없어. 올림픽에서 메달을 딴 선수들을 보면 굉장한 아우라 같은 게 느껴지잖아. 메뉴판도 다르지 않아. 올림픽에 나간 선수들 못지않게 '손님들을 즐겁게 해주겠다'는 열의를 담아서 만들지 않으면 손님들에게 전달되지 않지.

우리 가게 중에서도 활기를 잃은 가게는 메뉴판만 봐도 알 수 있어. 그런 점장 밑에서 일하고 있는 친구들이 안쓰러울 뿐이지. 가게에서 쌓은 경험이 전부 독립을 위한 재산이 되는 건데 전혀 배우지 못하고 있으니까. 장사를 하는 사람에게 '불안함'은 당연히 따라다니는 그림자 같은 거야. 피하려고만 하지 말고 불안함을 자신의 의욕으로 바꾸는 것, 그거야말로 장사에서 성공할 수 있는 열쇠가 아닐까.

돈 들이지 않고 매출을 올리는 방법

매출이 떨어지면 가장 먼저 하는 것 중 하나가 인테리어를 바꾸는 거야. 그런데 많은 돈을 들여서 새롭게 가게를 바꾼다 해도 손님이 정말 그걸 좋아할지는 모르는 거잖아. 굳이 돈을 들이지 않아도 손님이 좋아하는 가게는 얼마든지 만들 수 있어. 중요한 건 자신이 가게를 꾸려나가는 일에 재미를 붙이는 거지.

예를 하나 들어보자고. 라쿠 코퍼레이션에서 하는 가게 중에 산겐쟈야 골목길에 위치한 곳이 있는데, 그 앞에는 목욕탕이 있어. 날씨가 더워지면 다들 땀을 흘리지. 자연히 목욕탕에 가서 개운하게 씻고 기분 전환을 하고 싶어지잖아. 그래서 가게에 비누와 수건을 준비해두고 손님들에게 빌려주기 시작했어. 손님에게 "우리 가게에서는 수건과 비누를 빌려드립니다. 원하시는 분은 앞에 있는 목욕탕에서 샤워하고 오셔도 괜찮아요."라고 안내하기 시작한 거야. 손님들이 비누와 수건을 가지고 가버려도 큰 손해는 보지 않아. 오히려 이걸 계기로 이 가게는 참 재미있다고 생각한다면, 장사에 큰 도움이 되지.

그 가게 앞에는 큰 감나무가 한 그루 있는데, 그 나무를 어떻게 장사에 활용할 방법이 없을지 궁리하다가 감나무잎을 사용한 메뉴를 생각해냈어. 초록 잎을 생선회 밑에 깔기도 하고, 가을에 빨갛게 단풍이 들면 하얀 오징어회 밑에 깔았지. 감나무 잎사귀를 소금에 절여서 매출이 떨어지면 돈을 들여서 새로운 걸 하려는 사람들이 있어. 하지만 굳이 돈을 들이지 않아도 손님들이 좋아하는 가게를 만들 수 있어. 평소 사소한 일에도 상상력을 불어넣는다면.

가키노하즈시(생선초밥을 감나무잎으로 싼 나라 지방의 향토요리-편집자주)를 만드는 것도 괜찮고. 실제로 그 잎사귀로 가키노하즈시를 만드는 건 어려울지 몰라도, 메뉴에 넣을 수 있다면 가게 앞을 지키고 있는 감나무와 맞물려서 가게를 어필하는 시너지 효과를 낼 수 있을 거야. 그 감나무는 앞으로도 계속 그 자리에 있을 텐데 써먹지 못하면 손해잖아. 개성 있는 메뉴를 연출한다면 손님은 반드시 그 가게를 기억하기 마련이야. 새삼스레 새로운 일에 도전하려 하지 않아도 좋아. 주변을 둘러보면 그곳에서도 반드시 손님들이 좋아할 만한 무언가를 발견할 수 있을 거야.

생선살을 얄팍하게 썰지 않고 두툼하게 썰어내는 것만으로도 생선회의 분위기는 크게 달라져. 처음에는 우리 직원들의 회 뜨는 기술이 서툴러서 어쩔 수 없이 두툼하게 썰기 시작했는데, 오히려 볼륨감 있다고 좋아하는 손님이 많아.

우리 가게 중 한 곳은 하루 동안 수프에 재워뒀다가 튀기는 닭고기가 간판 메뉴인데, 영계 반 마리를 통째로 튀기는 볼륨감 넘치는 메뉴야. 조리 과정에서 나오는 육수는 보온병에 넣어서 홀에 놓아두지. 깨와 말린 미역을 넣은 작은 커피잔 크기의 컵을 옆에 두고 "드시고 싶은 분은 드세요. 서비스입니다."라고 적어놓았어. 닭고기를 우려낸

회 뜨는 기술이 서툴러서
어쩔 수 없이 두툼하게 썰기 시작했는데,
오히려 손님들이 좋아하고 있지.

수프니까 맛도 훌륭해. 가게에서 이런 서비스를 받으면 손님들은 기분이 좋아지겠지.

이 가게는 전자레인지에 '요리사 칭렌진'(일본에서는 전자레인지를 '칭'이라는 별칭으로 많이 부른다–편집자주)이라고 쓴 종이가 붙어 있어. 직원은 가끔씩 손님에게 "요리는 제가? 아니면 이 요리사 분에게 부탁할까요?"라고 물어봐서 모두를 웃게 만들곤 하지. 옛날에 내가 혼자서 가게를 할 때 했던 장난인데, 그 얘기를 들은 녀석이 재미있다고 생각했는지 자기 가게에서도 같은 장난을 치고 있더라고.

테라스가 있는 가게에서는 '럭비 맥주'라는 메뉴를 시작했어. 럭비 시합을 보다 보면, 쓰러진 선수에게 주전자에 든 물을 끼얹는 장면이 나오잖아. 거기에서 힌트를 얻어서 주전자에 맥주를 담아 테라스에 매달아놓고 마실 수 있게 한 거야. 피처 사이즈에 얼마라고 가격을 정해놓고 말이야. 가게 밖을 지나가는 사람들에게도 보이니까 "저건 도대체 뭐지?" 하면서 많이들 관심을 가져주지.

이자카야 메뉴의 가장 기본이라고 할 수 있는 에다마메(콩깍지 채로 삶은 풋콩. 일본의 대표 술안주–편집자주)도 마찬가지야. 맛을 추구한다면 유명 음식점에서 내놓는 것처럼 소금기가 잘 스며들도록 콩깍지의 양쪽 끝을 잘라 파릇파릇 싱싱해 보이는 에다마메가 이상적이지만, 우리는 누옥맘(생선으로 만든 베트남 간장–편집자주)이나 마늘 맛 나는 에다마메를 내놓는 편이 인기가 많을 거야. "와, 이 에다마메는 누옥맘 맛이 나!"

하고 손님들이 신기해할 테니까. 이렇게 사물을 보는 관점을 아주 조금만 바꾸면, 돈을 안 들여도 손님들을 즐겁게 해줄 수 있지. 나는 그렇게 믿고 있어.

메뉴판은 최고의 '홍보 무기'다!

우리 가게에서는 추천메뉴판(기본메뉴판과는 별도로 추천메뉴를 적어 각 테이블 위에 놓아두는 한 장짜리 메뉴)은 반드시 각 점포에서 일하는 직원이 그날그날 직접 손으로 적도록 하고 있어. 추천메뉴판은 팔고 싶은 요리나 음료를 손님들에게 어필할 수 있는 일종의 '무기'야. 그러니까 손님들에게 보다 효과적으로 보일 수 있게끔, 프린트하지 말고 직접 손으로 쓰는 게 좋아. 손으로 적은 메뉴판에서는 쓴 사람의 글씨체와 디자인 센스가 느껴지지. 만드는 법은 아주 간단해. 요리 이름을 적고 주변에 2~3cm 정도 여백을 남겨두면 그걸로 끝이야.

추천메뉴판을 잘 만드는 사람이라도 자칫 의욕이 넘쳐서 종이 한 가득 요리 이름만 쓰기가 쉬워. 그런데 그렇게 종이를 꽉 채워버리면 메뉴 말고 다른 정보는 쓸 수가 없잖아. 여백까지 포함해서 종이 전체를 활용해야 효과적으로 보여줄 수 있는데 말이야. 그래서 종이에 빈 공

메뉴판에 여백이 있으면 그림을 그릴 수도 있고, 위트 있게 한마디 쓸 수도 있어. 가게가 추천하는 메뉴가 뭔지도 한눈에 볼 수 있지.

간을 남겨두는 게 아주 중요하지. 여백이 있으면 그곳에 그림을 그릴
수도 있고, 위트 있게 한마디 쓸 수도 있어. 메뉴판을 만든 사람이 무
슨 말을 하고 싶은지도 알기 쉽고, 가게가 추천하는 메뉴가 뭔지도 한
눈에 볼 수 있어. 그림이 서툴러도 괜찮아. 연예인에게 사인을 받았
는데 그 안에 그림이 들어 있으면 왠지 더 기분이 좋아지잖아. 메뉴
판의 그림은 그런 용도라고 보면 돼.

　손으로 쓴 메뉴판의 매력을 한층 더 키울 수 있는 건 도장이야. 도
장은 찍기만 하면 되니까 더욱 편리하지. 가게 이름을 새긴 도장이나,
적당한 게 없다면 피망이나 양파를 잘라서 그 단면에 잉크를 묻혀서
찍어도 좋아. 도장 하나로 메뉴판의 분위기가 크게 달라질 거야. 색
다른 분위기를 낼 수 있거든. 그런데 처음부터 여백을 의식하고 메뉴
를 쓰면 글씨가 작아지기 쉬워. 시원시원한 붓 펜의 느낌을 살리기 힘
들어지는 거지. 그래서 나는 직원들에게 여백은 신경 쓰지 말고 종이
가득 메뉴를 적고 난 다음 70% 정도 비율로 축소 복사해서 쓰라고 가
르치고 있어.

　오늘의 추천메뉴판을 만들 때 한 가지 더 신경 써야 하는 일이 있
는데, 그건 바로 요리 종류를 너무 많이 쓰지 않는 거야. 아무래도 되
도록 많이 적고 싶겠지. 하지만 너무 꽉 차게 적어놓으면 손님들은 오
히려 메뉴를 보지 않아. 그러니까 먼저 꼭 팔고 싶은 요리를 3가지만
적는 거야. 그다음 계절을 느낄 수 있는 제철요리나 배가 불러도 먹

을 수 있는 디저트를 추가하는 거지. 추천메뉴판의 메뉴는 10개가 넘지 않는 선에서 조절하는 것이 좋아. 그리고 추천메뉴판의 '팔고 싶은 요리'는 하룻밤에 적어도 30개는 팔 자신이 있는 것들을 쓰도록 해. 그 정도의 각오가 돼 있는 요리만 올린다면, 추천메뉴의 숫자를 줄일 필요도 없을 거야.

마지막으로 손으로 쓰는 메뉴판을 잘 만드는 비결 하나를 알려줄게. 사람들은 대개 종이 맨 윗부분에 그날의 날짜를 적잖아. 거기에 "오늘은 날씨가 참 더웠죠?"처럼 그날의 날씨도 같이 적는 거야. 이렇게 하면 종이를 통해서도 손님들에게 말을 걸 수 있어. 메뉴 한 장으로 손님과 대화를 나누는 거지. 이렇게 메뉴판은 가게를 성공시키는 좋은 무기 중 하나야.

반대로 절대로 메뉴판에 넣고 싶지 않은 것도 있어. 바로 사진이지. 사진을 넣는 것보다는 요리재료나 요리를 보여주는 편이 손님들의 마음을 움직이기 쉬워. 의심할 여지가 없지. 큰 냄비에 니쿠자가를 담아서 "이거 맛있어요." 하면서 보여주면, 손님들은 주문하고 싶어질 거야. "그럼 그거 하나만 줘봐요."라고 말이야. 사진으로는 절대 얻을 수 없는 효과일걸.

PART 3

손님이 반할 수밖에 없는 '무엇'을 만들어라

손님의 마음을 사로잡는 나만의 방법

대규모 체인이
두렵지 않은
이유

　사람들은 이자카야로는 돈을 벌기 힘든 시대가 됐다고들 하지. 하지만 대규모 체인점과는 달리, 작은 가게를 운영하는 입장에서는 그날그날 흐름을 읽고 그에 맞게 서비스를 바꿀 수 있어. 변해가는 요구에 맞춰서 가게에 재빨리 변화를 줄 수 있는 거야. 손님이 뭘 원하는지 포착해서 그 요구에 곧바로 대응할 수 있는 게 개인이 하는 가게의 강점이지. 매뉴얼에 따라서 이루어지는 체인점의 서비스로는 할 수 없는 일이야.

　흐름을 읽는 것도 딱히 대단한 일은 아냐. 얼마 전까지만 해도 사람들은 손님들이 '활력'을 충전하기 위해 이자카야를 찾는다고 생각했어. 그래서 우리 가게도 큰 목소리로 밝고 활기찬 분위기로 손님을 접대해왔지. 그런데 얼마 전에 텔레비전을 봤더니 100명 이상의 종업원을 거느리고 있는 어느 기업이 이자카야 스타일의 인사법(이자카야에서는 손님이 들어오고 나갈 때 직원 모두가 큰소리로 인사한다-편집자주)을 매뉴얼화한 사실을 소개하고 있었어. 그 프로그램을 보면서 생각했지. 회사에서도 저렇게 밝은 모습을 유지해야 한다면, 이자카야에서만큼은 긴장을 풀고 편히 쉬고 싶지 않을까? 이자카야니까 크고 활기찬 목소리로 손님을 맞이해야 한다는 건 고정관념일 수도 있어.

　손님에 대한 서비스도 마찬가지야. 옛날에는 가게에서 이벤트를 자주 했어. "지금부터 달걀말이를 5인분 만들겠습니다. 드시고 싶은 분은 손을 드세요!" 같은 방식으로 안주를 팔곤 했지. 그런데 그 방송을 보고 난 뒤에는 손님 한 사람 한 사람에게 조용히 요리를 권하는 편이 좋을 것 같다는 생각을 했어. 물론 메뉴를 권할 때는 손님과 대화를 나눈다고 생각해야겠지만. 가령 이런 식의 대화는 괜찮아. 얼마 전에 우리 가게 한 곳에 갔었는데 감자 샐러드가 굉장히 맛있는 거야. 그런데 별로 안 팔린다는 얘기를 듣고 "(요즘 유행하는) 모히토와 함께 먹으면 딱이에요!"라고 손님들에게 권해보라고 일러줬어. 그랬더니 잘 팔려서 모히토의 판매까지 덩달아 늘어났지 뭐야. 하루에 원액 한 병은 가볍게 나가고 있어.

　대형 체인점 이자카야가 거리를 장악하게 되면서 이자카야의 이

푸근한 느낌의 주인이
수십 년 동안 꾸려온 작은 가게,
소박한 안주로
따뜻하게 손님을 맞는 가게가
진짜라고 생각해.

미지는 크게 달라졌어. 그 가게에 어떤 애착을 갖고 찾아가는 게 아니라, 그저 싸니까, 메뉴가 많으니까, 역 앞에 있으니까 가는 곳이 돼버린 거야. 그리고 우리 같은 이자카야들도 그런 소형 버전 중 하나라고 여기기 시작했지. 나는 이런 상황에 큰 위기감을 느끼고 있어.

푸근한 느낌의 아저씨 아줌마가 수십 년 동안 꾸려온 작은 가게, 오뎅이나 꼬치구이 같은 소박한 안주로 따뜻하게 손님을 맞아주는 곳, 나는 이게 이자카야의 진짜 모습이라고 생각해. 손님이 '가고 싶은 가게'라고 말해주는 곳 말이야. 얼마 전에 들은 얘기인데, 어떤 이자카야 주인이 나이가 많아져서 가게를 접으려 하고 있었어. 그런데 가게에 수십 년 동안 다니던 단골손님이 "내가 물려받을게요." 하면서 자기가 가게를 시작했대. 지금껏 음식점은 한 번도 해본 적이 없는 사람이라는데 정말 대단한 일이야.

이런 역사를 가진 진짜 이자카야를 보면, 우리 가게는 '가짜 이자카야'라는 생각이 들지도 몰라. 하지만 길가에 여기저기 늘어서 있는 자동판매기라도 손님을 어떻게 대하는지에 따라서 매출이 달라지잖아. 판매기 옆에서 아줌마가 "안녕하세요. 고생하시네요."라고 한마디 말을 걸어주는 자동판매기가 가장 매출이 높다는 얘기를 들은 적이 있어. 보통 자동판매기를 대형 체인점이라고 치면, 우리 같은 가게는 아줌마의 자동판매기인 거야. 하다못해 자동판매기도 매출이 올라가는데 이자카야는 당연히 매출을 늘릴 수 있지 않겠어?

가게를 차리고 나서부터는 어떻게 성
공할지를 고민하는 게 다음 목표야.
여러 가지가 있겠지만, 손님에게 자
기의 마음을 어떻게 전하느냐가 가장
중요해.

가게를 차리고 나면 자신의 포지션이 어디인
지를 정하는 게 중요해. 나는 대기업 체인이 가
게 근처에 생기면, 그게 바로 기회라고 생각해.
그 지역에 사람들이 늘어나는 것 자체가 고마운 일이지. 우리 가게와
대기업 체인은 가게의 레벨 자체가 달라. 자금력 있는 대기업 체인을
따라잡겠다고 마음먹는다 해도 그렇게 될 리가 없지.

그렇다면 나의 포지션은 어디일까? 점장의 아들이 손님과 길거리
에서 대화를 나누는 사이? 우리 가게의 장점은 그런 거지. "아버지,
열심히 하고 계시니?" 하고 손님이 아이에게 물어볼 수 있으니까. 한
편 술집 주인은 손님에게 "음식 남기면 한 대 쥐어박을 거야."라고 말
할 만한 사이가 되어야 한다고 생각해. 그렇다고 친구들이 모이는 클
럽을 차리라는 건 아냐. 가게를 소중히 여기는 손님들을 만들라는 거
지. 그러려면 손님이 재미있어할 만한 아이디어를 내서 함께 즐기는
가게로 만들어야 해.

지금까지는 가게를 어떻게 차릴지 고민해왔다면, 이제부터는 크게
성공하는 방법을 찾는 게 내 목표야. 우리 동문들 중에서도 잘된 가게
와 그렇지 않은 가게가 있거든. 똑같이 일을 하고 있을 텐데 차이가 나
는 게 참 희한하기도 하지만, 아마 엄청난 노력파가 아니거나 장사를
즐기지 않는 사람들이 실패하는 거겠지. 입지가 나빠서일 수도 있을
거야. 하지만 위치가 좋지 않을수록 재미있게 장사할 수 있다고 말해

주고 싶어. 장소가 나빠도 하나둘씩 손님이 와준다면, 더더욱 그 사람들에게 감사함을 전하겠다는 마음으로 열심히 장사를 해야지.

오사카에 하루에 70만 엔이 넘는 매출을 올리는 포장마차가 있는데, 거기 주인은 진짜 바쁠 때는 폐를 끼쳐서 미안하다며 손님에게 1,000엔씩 돌려준 모양이야. 호감을 사려는 게 아니라, 순수하게 미안한 마음이 우러나와서 사과하는 거지. 돈을 받은 손님은 재미있는 가게라고 느낄 거야. 마음을 표현하는 방법을 하나씩만 배워도, 아직 우리에게는 배울 게 너무도 많아. 장사에서는 손님에게 자기의 마음을 전하는 게 가장 중요한 법이지.

작은 가게만의 '프리미엄' 전략

요즘은 한 단계 높은 가격대로 설정된 '고급스러움'이나 '프리미엄'의 느낌을 살린 상품이 주목받고 있어. 이런 유행을 보면서 나는 우리 이자카야의 프리미엄은 대체 뭘까 생각하게 됐어.

나는 자주 골프를 치러 가는데, 옛날에는 형식적인 목례 정도만 하던 골프장 지배인이 요즘에는 거의 모든 손님들에게 말을 걸고 있어. "춥지 않으세요?" "요즘 어떠세요?"라면서 말이야. 라운지에서 커피를 마실 때도 전에는 더 마시고 싶으면 직원을 불러야 했는데, 지금 손님들이 프리미엄이라고 느끼는 서비스를 하고 싶다면, 손님의 이름은 물론 한 사람 한 사람의 사소한 것들을 외워보도록 해.

은 직원이 알아서 리필을 해줘. 굉장한 변화지. 특별대우를 받으면 손님들은 분명히 기분이 좋아질 거야.

하지만 손님들이 이런 서비스에 익숙해지지 않도록 조심해야 해. 익숙해지면 뭐든 당연하게 생각하거든. 그렇다고 특별대우를 안 할 수도 없잖아. 하나만 생각해봐. 그저 매뉴얼대로 인사하고 리필해주는 거라면 진정한 프리미엄은 만들 수 없어. 손님들이 프리미엄이라고 느끼는 서비스를 하고 싶다면, 손님의 이름은 물론 한 사람 한 사람의 사소한 것들을 외워보도록 해. 만약 전에 가게에 왔을 때의 옷차림을 기억하고 있으면 "저번에 입은 빨간 옷도 예뻤지만 오늘 입은 노란색도 잘 어울리시네요."라고 말하는 거야. 손님은 이런 사소한 것들을 기억해주는 가게를 좋아할 수밖에 없어.

하지만 타산이 맞지 않는 프리미엄 서비스는 할 필요가 없다고 생각해. 적자를 감수하고 실시하는 서비스에는 한계가 있기 때문이지. 인테리어도 요리도 프리미엄이라는 이유로 일부러, 혹은 반드시 돈을 들일 필요가 없어. 가게의 분위기는 길가에 피어 있는 작은 꽃을 꺾어서 꾸미기만 해도 좋아질 수 있어. 우리 같은 작은 가게에는 꽃집에서 비싸게 산 꽃보다, 작은 테킬라 술잔이나 타바스코의 빈 병에 꽂은 들꽃 한 송이가 오히려 잘 어울릴 수도 있지.

하지만 꽃을 장식하는 일은 어떤 가게라도 할 수 있어. 가게에 특

별한 느낌을 내고 싶으면 여기서 한 걸음 더 나아가 생각할 수 있어
야 해. 예를 들어볼게. 꽃을 꺾어 오는 게 아니라 꽃을 사진으로 찍어
서 화장실에 장식하는 거야. 그리고 "출근길에 발견한 꽃 한 송이입
니다. 추운 날씨에도 신호등 옆에 피어 있는 걸 보니 저도 모르게 기
분이 좋아졌습니다." 같은 글을 적어놓으면, 똑같은 꽃 한 송이라도
스토리가 있으니까 손님들에게 더 큰 감동을 줄 수 있지. 가게 주인
이 투박해 보이는 남자라면 그 효과는 두 배가 될걸. '안 그래 보이는
데 이렇게 섬세한 면도 있구나.' 하고 다들 다시 봐줄 거야. 가게를 특
별하게 만드는 방법이지.

　우리 가게 중에도 프리미엄 서비스를 하는 곳이 있어. 달군 석판
위에 닭고기를 담아서 내놓는 메뉴가 있는데, 요리를 손님 앞에 내려
놓으면서 반으로 자른 신문지를 건네주고 "신문지를 들고 기다리세
요." 하고 말하지. 그다음엔 '뭐지? 뭘 하려는 거지?' 하고 궁금해하
며 기다리는 손님에게 3가지 소스(소금, 된장, 간장) 중에서 손님이 미리
고른 소스를 달군 석판 위 요리에 부어주는 거야. 결국 조금 전에 손
님에게 건네준 신문은 소스와 기름이 튀지 않도록 막아주는 앞치마
대신인 셈이지. 신문지 하나로 평범한 앞치마보다 더 큰 두근거림을
얻을 수 있어. 우리 같은 작은 가게들이 목표로 삼아야 할 프리미엄
은 바로 이런 거야.

기억에 남는 건
가격이 아닌
'진심'이다

요즘 화제인 와인바 중에 음료를 포함한 메뉴가 500엔으로 균일한 곳이 있어. 카운터 좌석이 10개가 약간 넘는 작은 가게지만, 매일 손님들로 만원을 이루지. '500엔 균일가'는 장사하기 참 좋은 시스템이야. 동전 하나로 먹을 수 있는 메뉴라는 점이 손님에게 크게 어필할 수 있고, 가게도 충분히 이익을 낼 수 있는 가격이거든. 혼자 온 손님이 안주 두 접시와 술 3잔을 먹으면 객단가는 2,500엔. 이 정도면 전혀 나쁘지 않지.

하지만 이 가게의 가장 큰 장점은 가게 주인이 카운터에 서서 직접 손님들을 접대하고 있다는 거야. 요리나 와인에 대해 설명해주고 틈틈이 손님들과 짧은 대화를 나누기도 하지. 같은 메뉴를 팔아도 주

인이 가게에 나와 있지 않으면 그 가게는 성공하 │ 아무리 평범한 메뉴도 어떻게 접객하
기 힘들어. 음식이 맛있고 양이 많은 것도 좋지 │ 느냐에 따라 얼마든지 특별한 메뉴로
                                              │ 만들 수 있어.
만, 손님은 가게 주인과 얘기를 나눌 때 비로소 알찬 시간을 보냈다
고 만족감을 느끼거든. 손님과의 대화는 500엔 균일가 이상의 가치를
가지고 있어.

주택가에 있는 이자카야에 나이 지긋한 노부부가 찾아와서 4종류
가 들어가는 모둠회를 주문한 적이 있어. 주문을 받은 직원은 생각했
지. 두 사람이 먹기에는 많은 양이니까 다 먹을 때쯤에는 생선회가 미
지근해질 거라고. 그래서 머리를 굴려서 생선회를 2종류씩 2번에 나
눠서 내놓았지. 그랬더니 손님들이 굉장히 만족했다고 하더라고. 생
선회처럼 평범한 메뉴도 어떻게 서비스하느냐에 따라 얼마든지 특별
한 메뉴로 만들 수 있어.

이 가게에서는 집에서 직접 오징어로 만든 시오카라(소금으로 담근 젓
갈-편집자주)를 팔고 있는데, 이 시오카라를 손님들과 얘기를 나누는 소
재로 삼고 있어. 손님에게 서비스로 시오카라를 조금씩 주면서 가게
에 생선을 납품하는 생선가게 주인에게 만드는 법을 배웠다며, "오징
어는 살짝 말리는 편이 수분이 날아가서 더 맛있대요."라고 비법을 알
려주는 거야. 이렇게 하면 손님들과 자연스럽게 얘기를 나눌 수 있지.

우리 가게는 어린 직원이 많아서 나이 많은 손님들은 해산물 메
뉴에 큰 기대를 하지 않아. 경험이 부족하면 아무래도 요리가 서투르

니까. 그런데 생선회나 젓갈을 주문했을 때 이런 기대 이상의 서비스를 받게 되면 크게 감동하지. 회를 다 먹고 츠마(생선회에 곁들여 내는 채소나 해초-편집자주)가 남아 있으면 "잠시만 실례하겠습니다." 하고 주방으로 가져와서 향신료를 넣고 버무려서 깨를 뿌려 간장과 함께 내놓으면 어떨까. 이런 서비스는 손님에게 점수를 딸 수 있고, 운이 좋으면 "제가 츠마 좋아하는 거 어떻게 알았어요?" "저는 ○○씨가 좋아하는 건 다 알고 있거든요" 같은 화기애애한 대화가 이어지기도 하거든.

우리 가게에서는 무 껍질을 말려서 긴피라(일본식 무말랭이-편집자주)를 만드는 것처럼, 돈 들이지 않고 손님에게 제공할 수 있는 메뉴를 만들기 위해 노력하고 있어. 소주가 한 모금 정도 남았을 때 이걸 서비스 안주로 내놓으면 추가 주문 받기가 쉬워지지. 하지만 매뉴얼에 따라 형식적으로 "서비스입니다." 하고 내놓으면 안 돼. 아무리 공짜 안주라고 해도 손님의 눈에는 매력적으로 보이지 않거든. 그러지 말고 "이거 한번 드셔보실래요?" 하고 자연스럽게 권해보는 거야. 손님을 위해서 만든 메뉴라는 걸 어필할 필요가 있어. 가게의 정성이 느껴질 때 손님들은 두 배로 만족하는 법이야.

손님들의 마음을 사로잡는
최고의 무기는
바로 '진심'이야.

언제든 시작할 수 있는 서비스를 찾아라

2월은 추운 날씨가 이어지는 시기야. 날씨가 추우니 손님이 없어서 고민스럽다고 생각할지도 모르겠지만, 오히려 이럴 때가 손님들을 자기 가게의 팬으로 만들 절호의 기회야. 손님이 어떤 서비스를 좋아할지 예측하기 쉽거든. 독립해서 자기 가게를 하고 있는 우리 아들 녀석은 기본안주(일본 이자카야에서는 손님들에게 '오토오시'라고 불리는 기본안주를 내놓는데, 요금을 청구하는 경우가 많다-편집자주)로 따뜻한 수프와 빵을 내놓고 있어. 다른 녀석도 작은 국그릇에 쓰쿠네지루(고기나 생선으로 만든 경단을 넣어 끓인 국-편집자주)를 담아서 내놓지.

우리 가게 졸업생들의 가게는 역에서 좀 떨어진 인적이 드문 장소에 있는 경우가 많아. 그래서 차가운 바람을 맞으면서 걸어온 손님에게 몸을 녹일 수 있는 따뜻한 음식을 내놓으면 손님은 아주 좋아할 거야. 틀림없이 기억에 남는 요리가 되겠지. 늦은 밤, 손님이 집에 돌아갈 때 일회용 손난로를 주는 것도 좋은 서비스가 될 수 있어.

겨울철에 영업 준비를 할 때는, 평상시보다 빨리 테이블을 세팅해두는 게 좋아. 그렇게 하면 영업 시작 전에 손님이 오더라도 추운 날씨에 밖에서 기다리게 하지 않을 수 있거든. 아직 영업 준비가 끝나지 않았어도 "추우니까 안에서 앉아서 기다리세요." 하면서 가게 안으로 안내하면 되잖아. 기본안주나 따끈한 국물요리 하나, 술도 같이 준비해둘 수 있다면 더할 나위 없지.

하지만 그저 몸을 따뜻하게 해주는 것만으로는 부족해. 겨울에도 추운 포장마차에서 즐겁게 먹고 마시는 사람들이 있잖아. 입으로는 "춥다 추워." 하면서도 웃으면서 따끈하게 데운 일본 술을 마시지. 추운 날씨에 손님들이 원하는 건 물리적으로 체온이 따뜻해지는 가게가 아냐. 마음이 따뜻해지는 인간미 넘치는 가게에 끌리는 거지.

손님의 마음을 사로잡는 '따뜻한' 서비스는 양으로 평가할 수 있는 게 아냐. 수프나 일회용 손난로를 서비스해도 매뉴얼에 맞춰서 기계적으로 내놓기만 해선 안 돼. 아무리 손님들을 위해 노력하고 있어도 그 마음이 전해지지 않거든. 나는 서비스의 양보다도 들어오는 손님에게 "밖이 춥죠?"라고 따뜻한 말 한마디를 건네는 게 손님의 마음을 움직일 수 있다고 믿어.

교토에 가면 반드시 들르는 이자카야가 있어. 오래전 아버지 세대에 있을 법한 분위기의 가게인데, 주인아줌마가 손님들을 대하는 방식이 뭐랄까, 아주 마음에 들어. 서툰 손놀림으로 생선을 먹고 있는 사람이 있으면 "어이구, 참 답답하네." 하며 다가와서는 남은 살점을 젓가락으로 발라주지. "아직 이렇게 살이 남아 있잖아. 이걸 버리다니 바보 아냐?"라면서 말이야. 하하. 말을 험하게 하지만 실은 굉장히 친절한 아줌마야.

그 가게는 인기가 아주 많아서 언제나 만석이야. 다음 손님이 기다리고 있는데 다 먹은 손님이 바로 일어나지 않으면 "미안한데, 손님이 기다리니까 자리 좀 비켜줘."라고 양해를 구하지. 물론 이건 흔히 있는 일이지만 이 아줌마는 "다음에 와서 기다리면 지금하고 똑같이 빨리 자리에 앉혀줄게."라는 한마디를 덧붙여. 그냥 한마디 말일 뿐이지만 손님들의 마음속에 남는 가게의 이미지는 전혀 달라지지.

워낙 다양한 서비스가 난무하는 요즘, 따끈한 음식을 제공하는 것처럼 차별화된 서비스를 생각해내는 건 쉽지 않을 거야. 진심이 담겨 있지 않다면, 모처럼 생각해낸 아무리 좋은 서비스라도 빛을 잃게 돼. 말했다시피 맛있는 수프보다, 수프와 함께 건네는 말이 더 기억에 남을 때도 있어. 잊지 마. "이거 드시고 몸 좀 녹이세요."라는 한마디가 가게를 성공으로 이끄는 무기가 된다는 사실을.

가게 주인이
손님에게 거는 마법

이자카야의 롤모델은 바로 디즈니랜드라고 얘기했었지? 디즈니랜드는 '꿈과 마법의 세계'라는 이미지를 망가뜨릴 수 있는 부분은 손님들에게 절대 보여주지 않는 걸로 유명하잖아. 나는 이자카야도 그래야 한다고 생각해.

길을 걷다 보면 휴업 중인 음식점이 눈에 띄는데 가끔 이건 아니라는 생각이 들 때가 있어. 가게 앞에 "아파서 이틀간 쉽니다."라는 종이를 붙여놓는 주인이 있는데, 도대체 왜 그런 이유를 적는 건지 이해가 안 가. 생각해봐. 의사가 "저는 병으로 한 달간 쉽니다."라고 하면 그 병원에 가고 싶겠어? 절대 그렇지 않을걸. 이자카야도 비슷해. 즐거운 시간을 보내려고 이자카야를 찾아가는 건데 아파서 앓아누웠던 사람이 하는 가게는 아무래도 매력이 떨어지지 않겠어? 꼭 병에 걸렸다는 사실을 적을 필요는 없어. 어차피 쉬어야 한다면 "여행을 다녀오겠습니다."라고 써두는 편이 '즐거운 가게'라는 느낌을 줄 수 있어. 나는 이자카야도 그런 '마법'이 필요하다고 생각해.

얼마 전 집 근처에 새로 연 가게에 갔는데, 요리에 꽤나 자신이 있어 보이는 이자카야였어. 멘타이코(일본식 명란젓-편집자주)로 만든 콩피, 유리네(식재료로 사용하는 백합 뿌리-편집자주)를 넣은 감자 샐러드처럼 센스 넘치는 메뉴가 많았어. 가격도 몇백 엔 정도로 저렴한 편이었는데 말이야.

그런데 가게 주인이 말을 한마디도 안 하는 거야. 나는 친구들 여럿과 함께 가서 괜찮았지만, 혼자서는 오기 힘들겠다는 생각이 들었어. 말상대도 없고 심심하잖아. 물론 가게 주인 중에도 말주변이 없는 사람들이 많아. 하지만 자기가 말을 잘 못하면 그걸 보완해줄 서비스를 생각해야 해. 손님과 얘기를 나눌 수 있는 직원을 고용하는 것도 하나의 방법이지. 이런 노력도 하지 않는 건 가게 주인의 태만이야.

우리 가게는 수십 년 동안 많은 직원들에게 뭔가를 가르치고 있어서 언제부터인가 '도장'(道場)이라고 불리고 있어. 대단한 걸 가르치는 것도 아닌데, 부끄러운 마음이 드는 게 사실이지. 다만 '이자카야는 정말 재미있는 일'이라는 사실을 사람들에게 전하고 싶을 뿐이야. 채소가게에서 50엔에 산 토마토를 냉장고에 서 차갑게 한 후에 150엔에 팔 수 있잖아. 가령 채소가게까지 60m라면, 왕복 120m를 걷기만 해도 가격이 세 배나 뛰는 셈이니, 이렇게 즐거

전문 요리사가 없는 가게라면 아무리 노력해서 메뉴를 개발해도 한계가 있 어. 오히려 요리를 어떻게 팔지, 어떻 게 손님을 즐겁게 해줄지를 철저하게 연구하는 게 잘 팔리는 메뉴를 만드 는 방법이지.

운 장사가 또 어디 있겠어. 하하. 지금부터 창업을 하고 싶다고 생각 하는 사람이라면, 음식점, 특히 이자카야는 즐거운 일이라는 걸 믿어 줬으면 해.

　최근에 퇴직한 사람들이 가게를 차리고 싶다고 상담하러 오곤 해. 그런 사람들은 지금까지 다양한 술을 마시고 여러 가지 맛있는 음식 을 먹어본 이들일 거야. 그중에는 술을 마신 후에 먹는 흰 밥과 된장 국이 진짜 즐거움이라는 사람도 있을지 몰라. 그렇다면 그런 술집을 하면 되는 거야. 마지막에 맛있는 밥을 먹기 위한 술집이라니, 괜찮 지 않아? 밥하는 것쯤이야 고성능 전기밥솥이 있으니 일주일이면 배 울 수 있어. 된장국이야 재료만 잘 갖춰도 되는 거고. 거기다 각 지역 의 특산물을 몇 가지 곁들이면 완벽하겠지?

　내가 지금까지 살아오면서 맛있다고 생각했던 맛은 사실 정해져 있어. 그런데 이제 와서 이자카야 연수를 받느니 어쩌느니 하면서 배 우는 거지. 그런 것보다는 엄마에게 쌀 씻는 법이나 밥을 맛있게 짓 는 법을 배워서, 술 마신 후에 맛있는 밥을 내놓는 가게를 하는 쪽이 훨씬 나을 거야. 손님이 좋아할 아이디어라면, '마이 후리카케'를 챙

겨두는 것도 좋은 방법이야. 처음 온 손님에게 후리카케(후리카케는 밥에 뿌려 먹는 양념으로 생선이나 김 등의 가루로 만든다-편집자주)를 선물하면서 "이름을 써놓고 보관해둘게요."라고 하면 손님은 그 가게에서 밥을 먹게 되겠지. 60살 가까이 회사원으로 일했다면, 이 이상으로 어려운 아이디어를 떠올리고 내놓는 일을 했을 거야. 이제부터는 강습회에 비싼 돈 내고 쫓아다니지만 말고 내가 진짜 뭘 먹고 싶었는지, 그리고 지금 뭐가 먹고 싶은지를 생각해봐. 그걸 즐길 줄 안다면, 그럴 마음이 있다면 음식 장사는 금방 잘할 수 있을 거야.

오픈 키친은 '조리하는' 장소가 아니다

요즘은 주방을 손님들이 볼 수 있는 오픈 키친으로 만드는 가게가 많아. 하지만 오픈 키친을 '죽은' 키친으로 만들어버리는 가게도 적지 않지. 오픈 키친을 100% 활용하기 위해서는 그 안에 있는 사람이 살아 있어야 해. 고급 레스토랑이라면 어려운 요리를 만드는 요리사의 모습을 보여주는 것만으로도 손님을 기쁘게 할 수 있지. 하지만 이자카야에서 요리 테크닉을 보고 싶어 하는 손님은 아무도 없어. 손님을 즐겁게 만들 수 없다면 오픈 키친은 의미가 없지.

생선구이나 꼬치구이를 만드는 아오리바(직화구이 요리를 만드는 공간으

평범한 달걀말이라도
손님을 즐겁게 할 수 있어.
말 한마디, 움직임 하나로
손님을 신나게 만들어야지.

로 숯불을 많이 사용한다-편집자주)에서 불꽃이 치솟는 연출을 하는 가게는 손님들의 시선을 의식하고 있는 거야. 우리 가게에서 독립한 직원들 중에도 와라야키(볏짚으로 불을 피워 조리하는 방식-편집자주)처럼 천장까지 불길이 치솟는 조리법으로 손님들을 즐겁게 하는 친구가 있어. 손님들이 잘 보이는 곳에 유리로 둘러싸인 아오리바를 만들어서 화끈한 와라야키를 보여주지.

생선회를 뜨거나 덴푸라를 튀길 때도 평범하게 해서는 안 돼. 우리는 고급 음식점이 아니니까 요리는 좀 서툴러도 괜찮아. 대신 손님을 어떻게 즐겁게 해줄지를 생각하는 게 우리 일이지. 조리할 때는 무엇보다 생동감이 중요해. 말 한마디, 움직임 하나로 손님을 신나게 만들어야지. 내가 혼자서 가게를 할 때는 요리는 서툴렀지만 만들고 있는 음식 이름으로 노래를 지어 부르면서 프라이팬을 들고 춤을 춰서 손님들을 웃기곤 했어. "달걀말이~ 맛있는 달걀말이~" 하면서 말이지. 하하.

주방에는 여러 포지션이 있어. 어떻게 해야 내가 그 포지션에서 가장 멋지게 보일 수 있을지 생각해보는 것도 도움이 되지. 어디서부터 시작해야 할지 막막하다면, 각각의 포지션에서 멋있어 보이는 다른 직원을 흉내 내는 데서 시작해도 좋아. '멋있는' 직원이 있으면 손님은 가게에서 즐거운 시간을 보낼 수 있고, 본인도 의욕적으로 일할 수 있어.

우리 가게의 인테리어를 맡고 있는 친구가 그러는데, 어떤 가게는 오픈 키친으로 바꾸고 싶다고 하면서도 이 부분과 저 부분은 보이지 않게 해달라고 요구한대. 그럼 무슨 의미가 있을까? 나는 설거지하는 곳이 손님들에게 보여도 아무렇지 않아. 오히려 손님이 보고 있으니까 언제나 깨끗하게 유지할 수 있어서 좋다고 생각하지. 아무도 보지 않으면 아무래도 더러워지기 쉽거든. 멋진 오픈 키친을 만들었는데 볼품없게 둘 수는 없잖아?

손실 없는 '궁극의 메뉴'를 개발하라

닭고기, 양파, 감자. 연어, 오징어. 이렇게 원가율을 낮출 수 있는 식재료는 언제나 이자카야의 듬직한 친구가 돼주지. 우리 가게 중에 달군 돌판 위에 닭고기를 담아내는 요리를 파는 곳이 있다고 했잖아. 눈앞에서 소스가 지글지글 소리를 내며 끓어오르고 맛있는 냄새가 진동하는 인기 메뉴야. 사용하는 건 브랜드 닭고기가 아니라 어디서나 살 수 있는 보통 닭고기인데, 어디 닭고기냐고 물어보는 손님이 많아 (일본에는 지역 이름을 걸고 생산하는 다양한 종류의 브랜드육이 있다-편집자주). 그럴 때는 직원이 "우리 가게 닭고기는 '노 브랜드'예요."라고 대답하지. 이 얘기를 들으면 손님은 한 번 더 웃을 수 있거든.

맛에는 한계가 있지만,
즐거움에는 한계가 없어.

전문 요리사가 없는 우리 같은 가게에서는 아무리 노력해서 메뉴를 개발한다 해도 한계가 있어. 오히려 요리를 어떻게 팔지, 어떻게 손님을 즐겁게 할지를 철저하게 연구하는 게 잘 팔리는 메뉴를 만드는 방법이지. 실제로 똑같은 요리를 팔아도 잘 팔리는 가게와 잘 안 팔리는 가게가 있잖아. 요리를 잘 팔 수 있는 서비스야말로 '손실 없는 메뉴'인 거야. 돈도 전혀 안 들잖아.

예를 하나 더 들어볼게. 앞서 얘기한 가게에는 980엔에 파는 저렴한 데칸터 와인(투명한 병에 옮겨 담아 파는 와인-편집자주)이 있어. 이 와인은 넘치기 직전까지 채워서 내놓는 게 특징이야. 그런데 그렇게까지 와인을 채우면 손님에게 가져갈 수가 없으니까 조금 덜 채운 채로 테이블로 가져가. 그리고 "저희 가게에서는 100%로 채워드립니다!"라면서 따로 잔에 담아간 와인을 손님 앞에서 추가로 따르는 거야. 잔에 와인이 조금 남을 때도 있는데, 그럴 때는 와인을 가져간 직원이 마시고 "음, 이건 1980년산 와인이군요." 하고 농담을 하지. 이런 연출을 하면 손님들은 즐거워하고 와인도 더 맛있다고 느끼거든.

모두가 장사를 한다고 하면, 어떤 음식을 팔지, 어느 곳에 가게를 열지부터 고민해. 하지만 달리 생각해보면, 어디에서 무얼 팔든 손님을 즐겁게 만들지 못하면 그 가게는 살아남을 수 없어. 그것만 잊지 않으면 누구나 가게로 성공할 수 있을 거야.

PART 4

음식 장사에
'안 팔린다'는
말은 없다

무엇이든 잘 파는 가게의 비결

손님이
많다고 생각하고
장사를 해라

경기가 좋아서 매일 가게가 정신없이 바빴던 시절을 누린 친구들은 대부분 독립해서 가게를 떠나갔어(80년대 일본은 거품경제로 호황을 누렸다-편집자주). 안타깝게도 요즘 일본도 세계적 불황을 피해가지 못하고 있어. 그래서 어떤 일이 벌어졌느냐 하면, 지금의 직원들은 '판다'라는 게 뭔지, 그 느낌을 제대로 알지 못해.

옛날에는 가게 앞에 언제나 손님들이 길게 줄을 서 있었기 때문에 그런 상황을 염두에 두고 메뉴를 만들었어. 맛은 기본이고 간단하게 많이 만들 수 있는 요리를 열심히 연구했지. 반면 지금 있는 직원들은 손님들이 줄을 서서 기다리는 가게를 경험해본 적이 없기 때문에, 재료를 몇 겹으로 쌓아서 만드는 밀푀유처럼 손이 많이 가는 메뉴를 만들고 있어. 우리 같은 이자카야는 그런 메뉴로는 성공하기 힘들어.

약 20년쯤 전에 우리 가게에 '두부 마리네'라는 메뉴가 있었어. 원가가 싼 두부로 특색 있는 메뉴를 만들고 싶었는데, 아게다시토후(일본식 두부튀김-편집자주)를 만들려니 시간이 너무 많이 걸렸어. 그래서 버섯과 닭가슴살을 두부와 함께 넣고 마리네(여러 재료를 소스로 버무린 요리-편집자주)를 만들었지. 이 메뉴가 말이지, 제법 잘 팔렸어. 바쁜 이자카야는 이렇게 손님이 많을 때도 금방 내놓을 수 있고 손님들도 만족하는 요리를 만들어야 해.

요즘 친구들을 보면 파는 방법에서도 의욕이 너무 부족하다는 생각이 들어. 아무리 경기가 좋은 때라도 장사가 안되는 날은 있기 마련이야. 30인분을 준비한 요리가 밤 10시가 됐는데도 아직 10인분이나 남아 있던 날도 있었어. 하지만 당시 직원들은 '요리가 남아서는 안 돼!'라는 생각을 가지고 있었기 때문에, 남기지 않고 전부 팔 수 있게 다 같이 아이디어를 짜냈지. 그렇게 장사하는 실력을 쌓아갔던 거야. 하지만 지금은 아예 처음부터 20인분만 만들어두지. 이렇게 하면 아무리 시간이 지나도 '파는 실력'이 늘지 않는 법이야.

어떤 메뉴를 30인분 팔려고 마음먹었는데 20인분밖에 팔지 못했어. 그렇다면 왜 10인분이 팔리지 않았는지 그 이유를 찾아내서 파는 방법을 고쳐야 해. 화장실 입구에 그 메뉴를 어필할 수 있는 전단지

장사가 안되더라도 손님으로 북적대는 가게를 상상하면서 "자 여기 나왔습니다!"라고 빨리 내놓을 수 있는 메뉴가 필요해. 손님이 80% 정도만 차도 괜찮다는 마음가짐으로는, 잘나가는 가게가 될 수 없어.

어떤 메뉴를
30인분 팔려고 마음먹었는데
20인분밖에 팔리지 않았다면,
왜 10인분이 안 팔렸는지 알아내서
파는 방법을 고쳐야 해.

를 만들어 붙이고, 변기에 앉아서도 볼 수 있도록 화장실 안에도 한 장 붙여놓는 거야. 집요하다고 생각할지 모르지만, 이런 노력 하나가 남은 10인분을 팔 수 있도록 만드는 거야.

메뉴판에도 평범하게 '만두'라고 적기보다 "쫄깃한 만두피의 속이 알찬 만두! 추천메뉴! 만두!"라고 적으면 인상이 전혀 달라지지. 이런 얘기를 하면 "손님에게 말로 열심히 설명하고 있어요."라고 대꾸하는 녀석이 있는데, 메뉴를 전부 일일이 설명할 수는 없잖아. 메뉴판은 장사를 하기 위한 중요한 수단이야. 철저하게 활용하지 않으면 자기 손해일 뿐이지.

우리 가게 중에 모쓰나베(일본식 곱창전골―편집자주)가 메인요리인 곳이 있는데, 어느 날 보니 가게 직원이 그 메뉴를 너무 못 팔고 있는 거야. 녀석은 손님이 자리에 앉으면 그냥 "뭐 드시겠어요?" 하고 물어보더라고. 그렇게 하면 안 되지. 모쓰나베를 파는 가게에서 일하고 있잖아. 처음부터 "몇 인분으로 하시겠어요?"라고 물어봐야지. 모쓰나베가 메인요리인 줄 모르고 들어온 손님에게는 "모쓰나베 드시러 온 거 아니에요? 진짜 맛있어요. 이 동네에서 제일 유명하죠."라고 어필해서 주문을 하게끔 만들어야지.

이렇게 파는 방법을 배우고 난 후에, 녀석은 전보다 네 배는 더 많은 모쓰나베를 팔고 있어. 팔려고 생각하면 방법은 얼마든지 있어. 그러니까 항상 목표를 높게 정하고 팔 방법을 고민해야 해.

손님은 추천을 받고 싶어 한다

전에 우리 아들 녀석이 하는 가게에 갔더니 음악을 크게 틀어놓고 그날의 영업 준비를 하고 있더라고. 나는 이건 아니라고 생각했지. '음악을 틀어놓고 준비하면 기분 좋게 일할 수 있는데 뭐가 나쁘다는 거지?'라고 생각할지도 몰라. 하지만 준비하는 과정은 '영업'이라는 결전을 앞둔 굉장히 중요한 작업이야.

영업을 준비하는 시간에는 몸을 쓰는 동시에 이걸 어떻게 팔면 좋을지 진지하게 생각해야 해. 그날의 추천메뉴판을 만들 때도 마찬가지야. 최대한 집중해야지. 그런 일을 음악을 들으면서 할 수는 없잖아. 음악이 듣고 싶다면 두뇌를 100% 가동시키는 시간이 끝난 뒤에 틀도록 해. 영업 시작을 앞두고 시동을 걸 때는 음악도 도움이 되니까. 가게를 성공시키려면 항상 '파는 일'에 집중해야지. 전에 우리 가게 직원들 중에 메뉴에서 오뎅을 빼고 싶다고 건의한 녀석이 있었어. 그래서 "왜 빼고 싶은데?" 하고 물어봤더니 "잘 안 팔려요." 그러지 뭐야.

하지만 생각해봐. 꼬치 오뎅 1개에 150엔, 4개에 500엔에 파는 '셀프 오뎅' 같은 메뉴를 만들어서 "손님이 직접 가지러 오시면 5개째는 서비스입니다."라고 하면, 모두들 4개짜리 오뎅을 주문하고 싶어질 거야. 오뎅 냄비를 들여다보면서 어느 걸로 고를지 서로 얘기도

영업을 준비할 때는
최대한 진지해야 해.
장사는 누가 더
집중하느냐의 싸움이거든.

나눌 수 있어. 기분이 좋아지는 메뉴 아냐? 편의점에서도 오뎅은 엄청나게 팔리고 있잖아. 권하는 사람이 없어도 계산대 앞에 놓여 있는 것만으로 그렇게 잘 팔리는데, 이자카야에서 안 팔릴 리가 없어.

지금은 기업으로 성장한 어느 정육점은 옛날에 상품이 잘 팔리지 않을 때 일부러 비엔나소시지를 반으로 잘라서 '불량 소시지'라는 이름으로 싸게 팔았어. 그랬더니 날개 돋친 듯 팔려나갔대. 정말 굉장한 아이디어지? 팔 마음만 있다면 방법은 얼마든지 있어. 나는 음식 장사에 '안 팔린다'는 단어는 존재하지 않는다고 생각해. 손님에게 말 한마디를 건네는 것만으로 판매량이 크게 달라지는 게 음식 장사거든.

초밥집에서도 "광어회 드릴까요?" 할 때는 주문하고 싶지 않다가도 "오늘 광어가 진짜 신선한데 드셔보실래요?" 하고 물어보면 희한하게 먹고 싶어지잖아. 굳이 힘들게 이런저런 말을 생각해내려고 하지 않아도 돼. "우리 가게 오뎅 정말 맛있어요."라는 한마디면 되는 거야. 혹시라도 맛없다는 불평을 들어도 괜찮아. 손님과 이야깃거리로 삼으면 되니까. 이자카야의 생선회도 "오늘은 오징어와 문어가 싱싱해요."라는 한마디로 얼마든지 손님의 주문을 받을 수 있어. 우리는 전문 요리사가 아니니까 팔겠다는 의지만 있으면 생선회는 미리 잘라서 접시에 랩을 씌워 준비해둬도 괜찮아. 신선도가 떨어지기 전에 다 팔아버리면 되잖아. 우리 가게 중에서 안정된 매출을 올리는 곳의 생선회는 전부 이런 방식으로 팔고 있어.

장사가 잘되는 가게는 한순간에 카운터에 앉아 있는 손님 전원에게 디저트를 팔기도 하지. 요리에 자신이 있는 데다 어떻게 팔면 좋을지 항상 연구하고 있기 때문이야. 손님들은 주위 사람들이 어떤 메뉴를 먹는지 신경을 쓰기 마련이라서 맛있어 보이는 메뉴는 전염되는 것처럼 팔려나가지. "이제 3개 남았습니다!" 하고 남은 개수를 알려주는 것도 괜찮은 방법이야. "하나는 제가 찜해둘게요." 하면서 미리 주문하는 손님이 있거든.

하지만 장사가 잘 안 되는 가게는 "디저트 드시겠어요?" 하고는 그저 손님의 대답을 기다리기만 해. 이런 방식으로는 아무래도 잘 팔리지 않아. "우리 가게 명물 디저트 모르세요? 안 먹어보면 손해예요."라고 한마디 덧붙이는 게 큰 차이를 만들지. 손님은 추천을 받고 싶어 해. 우리는 그저 듣고 싶어 하는 한마디를 해주기만 하면 되는 거야. 조금만 생각을 바꾸면 아주 간단한 일이야.

무엇이 아니라
'어떻게' 팔지를
고민하라

요즘에는 실력이 좋은 요리사들도 손님을 즐겁게 하는 서비스에 신경을 쓰고 있어. 굉장히 무서운 일이지. 요리 솜씨가 딸리는 우리에게 위협적인 라이벌이 생기는 거니까. 그렇기 때문에 앞으로는 '어떻게' 파는지가 더 중요해질 거야.

한때 저렴한 균일가 메뉴가 유행한 적이 있었어. 하지만 그냥 가격이 싸기만 한 가게에는 단골손님이 생기기 힘들지. 라쿠 코퍼레이션에서 독립한 졸업생 중에 참새우 한 마리를 100엔대 가격으로 팔고 있는 녀석이 있어. 이 메뉴가 훌륭한 이유는 가격도 저렴하지만, 손님들이 보고 즐길 수 있는 연출을 하기 때문이야. 이 가게 카운터 위에는 작은 수조가 있는데 그 안에 참새우들이 들어 있어. 많은 새우들이 기운차게 수조 안을 헤엄치면서 재료의 신선함을 몸으로 직접 표현하지. 이렇게 신선한 새우를 보면 누구라도 주문하고 싶어질걸. 아무리 저렴한 가격이라도 메뉴판에 그냥 '참새우'라고 쓰기만 해서는 이렇게 큰 효과를 얻지 못할 거야. 이 메뉴로 히트를 친 이 녀석은 막 2호점도 오픈했는데, 두 가게를 합쳐서 하룻밤에 참새우가 100마리 정도 팔리고 있어. 가게의 메인 메뉴 역할을 톡톡히 하는 셈이지.

물론 참새우가 전부는 아냐. 이 녀석은 뭔가를 파는 일에 진지하기 때문에 가게를 성공시킬 수 있었던 거야. 아무리 사소한 것이라도 진지하게 임하는 사람과 그렇지 않은 사람은 큰 차이가 나기 마련이야. 유니폼도 언제나 깨끗하고 빳빳하게 다린 걸 입고 있어. 손님들은 문을 열고 가게 안을 들여다봤을 때 유니폼을 멋지게 차려입은 직원을 보면 좋은 인상을 받기 마련이야. 분명 '괜찮은 가게'라고 생각할 테지. 유니폼은 옷걸이에 걸어두기만 해도 다음날까지 깔끔하게 입을 수 있어. 하지만 손님들의 시선을 신경 쓰지 않는 녀석은 유니폼을 대충 둘둘 말아서 구석에 던져두지. 이 두 사람의 차이는 길이로 따지면 2mm가 안 될지도 몰라. 하지만 그 작은 차이가 쌓이고 쌓여서 성공과 실패를 가르는 큰 차이를 만드는 거야.

신입 아르바이트 100% 활용법

　새로 들어온 아르바이트생은 도움이 되지 않는다고 생각하는 사람들이 있어. 하지만 나는 그렇게 보지 않아. 오히려 아르바이트를 시작했으니까 당연히 그날부터 요리나 음료를 팔아야 한다고 생각해. 영업 시작 전의 직원 미팅에서 "오늘은 신선한 가을 꽁치가 들어왔으니 손님들에게 권해보렴." 하고 간단한 일을 가르쳐주고 시켜보는 거야. 아르바이트생이 머뭇거리더라도 일단 도전하도록 만드는 게 중요해. 아르바이트생의 매끄럽지 못한 한마디라도 손님에게 메뉴를 권하는 건 가게에 도움이 되거든. 어려운 외국어를 하라고 시키는 게 아니잖아. 그러니 누구라도 할 수 있어. 메뉴를 권했는데 손님이 그대로 주문한다면 그게 바로 성공 체험인 거야.

　한 시간에 한 마리를 판다면 7시간에는 7마리잖아. 어때, 굉장하지 않아? 아르바이트생도 이런 경험을 통해서 장사에 재미를 느끼게 될 거야. 아무리 간단한 일이라도 가르치지 않으면 3년이 지나도 아무것도 할 수 없어.

　점장은 아르바이트생도 할 수 있는 쉽고 간단한 판매방법을 가장 먼저 가르쳐줘야 해. 대형 체인점에서는 일을 시작하기 전에 손님에게 인사하는 각도부터 가르친다는데, 나는 그것보다 파는 방법을 가르치는 편이 가게에 훨씬 도움이 된다고 봐. 당연히 아르바이트 첫날이니까 부족한 부분도 많을 거야. 손님이 오늘의 추천메뉴를 물어봤는데 "점장님, 추천메뉴가 뭐예요?" 하고 다른 사람에게 물어보고 있으면, 손

아르바이트생에게 '파는 법'을 가르쳐줘서 재미를 붙이게 하는 게 중요해. 자기가 권한 대로 상대방이 주문한다면 그게 바로 '성공 경험'이 되는 거니까.

님들은 형편없는 가게라고 생각할지도 몰라. 아르바이트 첫날인 신입이든 베테랑이든 손님들에게는 다 똑같은 가게 직원일 뿐이니까.

그렇다면 이제 막 일을 시작한 신입에게 '아르바이트 첫째 날'이라는 명찰을 달게 하는 방법은 어떨까. 손님들도 명찰을 보면 설령 신입이 오늘의 추천메뉴를 모르더라도 이해해줄 거야. 물론 그래도 화는 좀 나겠지만. 한 달이 지나서 아르바이트생이 오늘의 추천메뉴를 완벽하게 외울 수 있을 때, 같은 손님을 다시 만나게 됐다고 생각해봐. "안녕하세요. 이제 아르바이트 한 달째예요."라고 말을 걸면 "벌써 그렇게 됐어요? 그때 명찰 달고 있는 거 봤는데." 하면서 얘기를 나눌 수도 있지. '아르바이트 첫째 날'이라는 명찰이 손님과의 거리를 좁힐 수 있는 계기를 만들어주는 거야. 자기 이름이나 별명, 고향을 적은 명찰을 다는 것도 손님과의 접점을 만들기 위해서지.

단, 아르바이트생에게 절대로 시키면 안 되는 일도 있어. 바로 전화를 받는 일이야. 전화는 영업을 준비하는 중에라도 반드시 베테랑 직원이 받아야 해. 전화 한 통으로 가게의 인상이 크게 변해버리기 때문이야. 전화가 끊어지면 실수를 만회할 방법도 없잖아.

얼마 전에 거래처에 전화했을 때의 일이야. "라쿠입니다."라고 우

리 가게 이름을 댔더니 전화를 받은 사람이 사무적인 말투로 "아, 라쿠세요." 이렇게 한마디로 대답하는 거야. "항상 주문해주셔서 감사합니다." 하고 친절하게 한마디만 덧붙여줬다면 회사 이미지가 상당히 달라지지 않았을까? 친절하게 전화를 받기만 해도 좋은 인상을 줄 수 있으니까.

전화와 관련된 어느 통신판매 회사의 얘기를 들은 적이 있어. 전화 접수원들 책상에 거울을 놓고 그걸 보면서 웃는 얼굴로 응대하게 했더니 매출이 늘었다는 거야. 눈에 보이지 않는 상대를 배려하는 건 정말 어려운 일이거든. 그래서 전화는 꼭 베테랑 직원이 받아서 활기찬 목소리로 처리해야 해.

필요한 서비스와 불필요한 서비스

가게를 하는 사람이라면 누구라도 높은 매출을 올리고 싶어 해. 하지만 손님을 생각해서 '팔지 않을' 필요도 있어. 무슨 얘기냐고? 팔지 않는 쪽이 손님과 좋은 관계를 만들어서 내일의 매출을 올리게 해주는 경우라는 거야. 가령 손님이 주문한 요리 중에서 아직 안 나온 것들이 있는데, 테이블 위에 음식이 많이 남아 있으면 어떻게 해야 할까? 이럴 때는 "오뎅이 아직 안 나왔는데, 어떻게 하시겠어요? 취소

할까요?" 하고 물어보는 게 좋아. 어차피 주문한 요리니까 일단 팔고 보자는 사고방식은 좋지 않아. 이런 배려는 "그럼 입가심으로 디저트 부탁해요."처럼 다른 주문으로 이어지기도 하는데, 무엇보다 가게에 대한 호감을 높일 수 있어. 손님이 가게가 마음에 들어서 단골손님이 된다면 더욱 높은 매출을 올릴 수 있지.

도쿄 외곽에 위치한 우리 가게에서 이런 일이 있었어. 가게 직원이 "한 잔 더? 한 잔 더?" 하고 권하는 바람에 주는 대로 마시다 보니 손님이 막차를 놓쳐버린 거야. 이건 잘못됐다고 생각해. 나는 내 가게라도 언제나 손님의 입장에서 생각하거든. 걸어서도 집에 갈 수 있는 가게 근처에 사는 손님이라면 괜찮지만, 주인은 언제나 손님들의 막차 시간이 언제인지 신경 쓰지 않으면 안 돼. 깜빡하고 막차를 놓쳐버려서 택시를 타게 되면 지출이 많아지잖아. 그런 일이 반복되면 손님이 가게를 찾는 횟수도 줄어들 수밖에 없어. 택시비를 절약한 돈을 가게에 와서 쓸 수 있도록 만들어야지. 미래의 매출을 관리하는 일은 추가 주문을 받아서 당장의 매출을 늘리는 것보다 훨씬 중요해.

그 가게는 멀리서도 손님들이 찾아오는 곳이라서 화장실에는 언제나 막차 시간표가 붙어 있어. 시간표를 붙여놓으면 손님들이 그걸 보고 늦지 않게 시간에 맞춰 나갈 수 있잖아. 그런데 그 시간표가 어느새 없어졌지 뭐야. 시간표를 뗀 데는 다 이유가 있겠지만, 손님들에게 호감을 줄 수 있는 기회를 놓치고 있는 거야. 안타까운 일이지.

잊지 마.
미래의 매출이 당장의 이익보다
훨씬 중요하다는 걸.

그뿐만이 아냐. 대중교통으로 귀가할 수 있도록 시간을 신경 쓰는 일은 손님에 대해서 알고 서로의 거리를 좁히는 기회가 될 수도 있어. 그 손님이 어디에 사는지 알아야 하니까 말이야. 처음 온 손님한테 "댁이 어디세요?" 하고 물어보면 이상하게 생각할 수도 있지만, "어디까지 가세요?" 하고 물어보면 좀 더 자연스럽게 대화를 풀어나갈 수 있잖아.

화장실에 붙이는 시간표에는 막차 시간만 적어놓는 것보다 역까지 걸어가는 시간도 같이 적어두는 게 좋아. "보통 5분 정도 걸리지만, 천천히 걷는 사람은 7분, 스키를 타다 다리가 부러진 사람은 30분이 걸립니다."라고 써놓으면, 재미있는 가게라고 손님들 기억에도 오래 남지.

우리 가게에서는 감기예방 대책으로 손님들에게 물 없이 쓸 수 있는 거품 타입의 소독약을 제공하고 있는데, 이 서비스를 그만두는 가게들도 있어. 하지만 이건 위생적이면서 손님에게 웃음도 줄 수 있는 서비스야. 여자 손님에게 "손을 내밀어주세요."라고 한 뒤에 거품으로 하트 모양을 그려줄 수도 있잖아. 가게의 좋은 서비스로 활용할 수 있는데도 스스로 그만두다니 아까운 일이지.

손님에게 조금이라도 도움이 된다고 생각하는 일이 있으면 반드시 해보는 게 좋아. 그렇게 여러 가지를 시도할수록 손님과의 접점이 늘어나고 단골손님을 만들 수 있는 기회도 늘어나는 거야.

지역부흥 이벤트에 공감할 수 없는 이유

각 지역마다 손님을 불러 모으려는 다양한 시도를 하고 있는 모양이야(일본은 지방자치제를 중심으로 지역경제를 활성화시키기 위한 시도가 활발하게 이루어지고 있는데, 향토요리 개발이 가장 대표적이다-편집자주). 하지만 나는 지금까지 그런 지역부흥 이벤트에 참가해본 적이 없어. 지역경제가 활기를 띠는 것과 가게가 활기를 띠는 건 별개의 문제라고 생각하거든. 가게를 한번 시작하면 수십 년을 계속해야 하는데, 지역부흥을 위한 기획들은 일회성으로 끝나는 것들이 많잖아. 그래서 그저 이벤트에 참가하는 거 자체에 의미를 두는 것처럼 보이기도 해.

지역 전체의 경제를 활성화하려는 지역부흥 운동은 고전하고 있는 작은 가게들에게는 고마운 일일지도 몰라. 하지만 그렇게 약하다고 분류되는 가게들도 실은 사람들이 평가하고 있는 것 이상의 힘을 가지고 있어. 처음부터 스스로 장사의 길을 택한 사람들이잖아. 가게를 열기 위해 돈을 빌리고 메뉴를 개발해서 손님들에게 팔고 있지. 이렇게 가게를 할 정도라면 강인한 성격을 가진 사람임에 틀림없어. 지역부흥 이벤트를 매출을 올릴 수 있는 기회로 이용하려는 건 바람직하지만, 가게 매출을 이벤트에 의지하기만 해선 안 돼. 손님들에게 꾸준히 사랑받는 가게는 자기 힘으로 만들어가야 하는 법이거든.

나는 지역 전체를 활성화하는 지역부흥 운동은 오히려 큰 도시를

누군가를 데리고 가고 싶은 가게가
가장 멋진 곳이야.

대상으로 이루어져야 한다고 생각해. 도쿄를 예로 들면 신주쿠나 시부야 같은 번화가 말이야. 우리 가게가 있는 작은 동네에서는 굳이 그렇게까지 할 필요가 없어. 작은 동네 뒷골목에서도 단골손님을 확보하고 장사를 잘하는 가게가 많으니까.

주제넘은 말일지도 모르지만, 지역부흥 이벤트나 캠페인을 하고 있는 가게를 찾는 사람들이 과연 우리 가게에 필요한 손님인지도 의문스러워. 발품을 팔면서 자기 취향에 맞는 가게를 찾아다니는 손님이 가게를 꾸준히 방문하는 단골손님이 된다고 생각하거든. 모르는 사이에 단골손님을 하나씩 하나씩 늘려가는 것. 이게 바로 이상적인 가게를 만들어가는 과정이고, 장수하는 가게를 만드는 가장 쉬운 방법이지.

수많은 가게에 가봤지만, 역시 가장 감동이 큰 곳들은 내가 직접 발견한 가게였어. 가게를 꾸려가거나 요리를 만드는 데 배울 점이 많아서 당장 우리 가게에서도 따라 하고 싶어지지. 하지만 아무리 좋은 가게라도 인터넷에서 검색해서 찾아간 곳이라면 그렇게까지 감동하지는 않을 거 같아.

아마 손님들도 비슷한 생각을 하지 않을까? 마음에 드는 가게를 노력해서 찾아내면 '이 가게에 ○○을 데리고 오고 싶다'고 누군가의 얼굴을 떠올리게 되잖아. 그 사람을 가게에 데리고 갈 때면 가는 길 내내 두근거리고, 그 사람이 "와, 이 가게 멋진데!"라고 말해준다면 왠지 흐뭇한 기분이 들지.

우리 가게는 잡지에 자주 소개되는 것도 아니고 광고도 하지 않아. 하지만 손님에게 감동을 주는 가게를 만들기 위해 항상 머리를 짜내며 노력하고 있어. 가게는 살아 있어. 좋을 때가 있으면 안 좋을 때도 있지. 우리 가게도 점장에 따라 가게 매출이 들쑥날쑥 차이가 나. 매출이 떨어진 가게는 직원들이 머리를 맞대고 아이디어를 생각해서 개선해가야 해. 노력하면 떨어졌던 매출은 반드시 다시 올라가게 돼 있어. 그리고 이 모든 경험은 귀중한 재산이 되지. 내가 수십 년 동안 경험에서 얻은 결론이야. 그러니까 매출이 만족스럽지 않아서 뭔가 대책이 필요하다면, 한 번으로 끝나버리는 지역부흥 이벤트에 힘을 쏟아서는 안 돼. 자기 힘으로 매출을 올리기 위해 꾸준히 노력하는 게 가게에 훨씬 도움이 되는 일이야.

PART 5

잘되는 가게는 관계를 인연으로 만든다

손님과도 직원과도 잘 지내는 법

주인이
인기 있는 가게는
성공한다

　음식점을 하면서 가장 즐거운 일이 뭐라고 생각해? 나는 사람들의 관심을 받는 일이라고 생각해. 나는 남자니까 역시 여자 손님이 많이 와주는 게 반갑고 기분이 좋아. 하하. 어떻게 해야 여자 손님들이 좋아할지를 하루 종일 생각할 정도라니까.

　내가 처음 일을 시작한 곳은 카페였어. 그때 나의 가장 큰 관심사는 가게 여자 직원들의 환심을 사는 일이었지. 마침 눈에 들어온 게 테이블마다 위에 놓여 있는 설탕단지였어. 나는 여자 직원들이 나오기 전에 출근해서 항상 단지에 하얀 설탕을 가득 담아놓기로 했지. 역시 내 의도대로 다들 아주 좋아해줬어.

　가게 직원들과 미팅할 때 내가 자주 하는 말이 있어.

"절대 여자 손님에게 작업을 걸어서는 안 돼. 거꾸로 손님이 작업을 걸어오는 남자가 되어야 해."

인기 있는 남자라면 독립한 뒤에도 반드시 성공할 수 있어. 손님을 끌어들이는 매력을 가지고 있기 때문이야. 인기를 얻기 위해 뭘 해야 할지 모르겠다면 방법은 아주 간단해. 일단 열심히 일하면 돼.

지금 우리 가게 중에 매출이 쭉쭉 오르는 가게가 있는데, 그 가게의 점장이 정말 딱 그런 케이스야. 십수 년 전에 라쿠 코퍼레이션에 처음 들어왔을 때는 출근시간도 안 지키고 지각을 일삼는 불량 사원이었지. 3개월 단위로 자주 쉬기도 하고 정말 처치 곤란한 녀석이었어. 물론 인기도 없었지. 하지만 성격은 좋아서 인간적으로 매력적인 친구였지. 그런데 언젠가부터 열심히 일하기 시작하더니, 유니폼도 언제나 깨끗하게 차려입고 완전히 다른 사람처럼 변했어. 지금은 손님은 물론이고 가게 직원들도 전부 반해버린 인기남이 됐지.

매출이 떨어졌던 가게를 다시 일으켜 세워서 라쿠 코퍼레이션의 가게들 중에서도 상위의 성적을 낸 점장이 있는데, 이 녀석도 매력 있는 친구야. 화려한 미남은 아니지만 귀여운 여자친구가 있어. 열심히 일하는 점장을 보고 여자가 먼저 한눈에 반해버려서 사귀게 됐다지 뭐야. 이 친구는 굉장히 성실하면서도 뛰어난 아이디어맨이기도 해. 높은 매출을 올린 가장 큰 비결은 자기 가게와 가장 가까운 위치의 소규모 라쿠 코퍼레이션 계열점과 연계를 맺은 덕분이었어. 상대 가게에 자리가 없으면, 손님들에게 자기 가게를 추천하도록 한 거지.

가까운 위치의 소규모 라쿠 코퍼레이션 계열점과 연계를 맺은 덕분이었어. 상대 가게에 자리가 없으면, 손님들에게 자기 가게를 추천하도록 한 거야. 반대로 자기 가게가 만석일 경우에는 그쪽 가게로 손님이 가도록 유도하는 식으로 말이야.

단순해 보이지만 실행에 옮기기는 쉽지 않은 일이지. 그 친구는 30분에 한 번씩 상대 가게에 전화를 걸어서 "(우리 가게로 보낼) 손님 있어?"라고 꼼꼼하게 체크했다고 해. 가게가 만석일 때는 정신이 없는 게 당연하잖아. 일손이 딸리면 다른 가게로 손님을 보내는 것까지 신경 쓰지 못할 수도 있으니까 몇 번이고 전화를 걸어서 확인한 거야. 이렇게 전화를 거는 것만으로 매출을 크게 올릴 수 있는 거지.

이 점장은 성별을 가리지 않고 손님들에게 인기가 많아. 예전에 라쿠 코퍼레이션은 캐나다 밴쿠버에도 지점을 낸 적이 있었어. '이자카야 주인아저씨도 이렇게 멋지게 살 수 있다'는 걸 직원들에게 보여주고 싶어서 밴쿠버에 집을 사고 가게도 열었거든. 그런데 이 친구가 3개월간 밴쿠버 가게로 연수를 오게 됐지. 영어를 하나도 못했는데도 망설이지 않고 적극적으로 손님들에게 말을 걸었어. 언제나 웃는 얼굴로 대하면서 손님들에게 계속해서 "아이 러브 유."라고 말하더군. 하하. 마지막까지 영어실력은 늘지 않았지만, 지금도 그때 그 손님들을 만나면 "그 친구는 잘 지내?" 하고 녀석의 안부를 물어보지. 혹시 지금 자신이 인기가 없다고 생각한다면 자신이 이제껏 뭘 해왔는지를 돌이켜보도록 해. 인기를 얻으려는 노력은 바로 가게를 성공시키는 노력이니까.

'웃음'을 잃지 않는 힘이 손님을 부른다

오랫동안 장사를 해오면서 딱 한 번 우리 가게에서 큰 일이 터진 적이 있어. 이제는 꽤 오래전 일이네. 직원이 냄비를 불 위에 올려놓은 걸 잊어버린 사건이었어. 게다가 점장이 쉬는 날이었는데, 휴식시간이라서 직원이 전부 밖으로 나가버린 거야. 다행히 영업 전이라 손님은 없었지만 가게 전체가 새카맣게 타버렸지. 가게 위층은 맨션이었는데, 또 불이 날까 걱정이 됐는지 건물 주인이 가게를 빼달라고 강하게 요구해왔어.

나와 건물주 사이에 그런 얘기가 오가는 동안 점장은 가게 밖으로 나가서 모르고 찾아온 손님들에게 사정을 설명하고, "죄송합니다."라고 머리 숙여 사과하고 있었어. 그렇게 비가 오는 날도 바람이 부는 날도 매일같이 하루도 빠지지 않고 가게에 나갔어. 그런데 일주일 정도 지난 후에 건물 주인이 다시 연락을 해왔어.

"참 대단한 점장이네요. 이 점장이라면 다시 가게를 시작해도 괜찮을 거 같아요."

가장 중요한 건
웃음을 잃지 않는 일이야.
누구라도 할 수 있지.

장사를 해도 좋다고 허락한 거야. 점장의 성실함이 가게를 살린 셈이지. 결국 그 가게는 내부수리를 하고 한 달 뒤에 다시 오픈할 수 있었어. 지금도 활기차게 가게를 꾸려가고 있고. 나는 이 일을 통해서 어떤 위기가 닥쳐도 노력하면 길을 찾을 수 있다는 걸 다시 한 번 느꼈어. 그 점장은 지금은 독립해서 좋은 가게를 운영하고 있지.

솔직히 우리 가게의 역대 점장들이 이 녀석처럼 대단하다고 말할 수 있는 사람들만 있었던 건 아냐. 하지만 점장으로서 경험을 쌓는 동안 모두 조금씩 변해갔지. 개중에는 마지막까지 '이런 녀석이 독립해도 정말 괜찮을까?' 하고 염려스러운 친구도 있었어. 하지만 자기 가게를 시작하면 열에 아홉은 굉장한 힘을 발휘해. 누가 시키지 않아도 새벽부터 요리재료를 준비하고 열심히 일을 하지. 독립을 하면 일해서 생기는 수익이 전부 자기 몫이 되니까 모두들 욕심을 내게 되어 있어. '욕심'은 꾸준히 번창하는 가게를 만들기 위해서 반드시 필요한 거야.

하지만 '대단한 일'이라고 해도 특별한 걸 하기 때문에 대단한 건 아냐. 나는 가게를 운영하는 데 가장 중요한 건 웃음을 잃지 않는 일이라고 생각하거든. 이건 전혀 어려운 일이 아니잖아. 누구라도 할 수 있어.

어떤 인기 와인바의 얘기야. 그곳에서는 와인병에 2잔 정도의 와인이 남아 있으면 "마지막 손님에게 이걸 전부 따라드립니다." 하면서 남은 와인을 전부 따라줘. 이 가게 주인은 이 말을 지금까지 수백 번, 아니 수천 번 반복해왔을 거야. 이제 지겨울 만도 한데 매번 처음 말하는 것처럼 기분 좋게 웃으면서 말하더군. 아무리 잔이 넘치도록 와인을 서비스해도 형식적인 멘트를 곁들이는 데 그친다면, 그건 그저 '작업'일 뿐이야. 중요한 건 자기가 진심으로 이 일을 즐기고 있다는 걸 손님들에게 보여주는 거야.

내 둘째 아들 녀석이 독립해서 가게를 열었을 때였어. 녀석은 요리를 배워서 요리 실력에는 자신이 있었기 때문에 우리 가게에서 일할 때 "그런 요리법으로는 안 돼."라면서 다른 직원들을 엄격하게 평가하곤 했지. 그런데 독립하고 나더니 직원의 웃는 얼굴이 장사에 얼마나 큰 도움이 되는지 깨달은 모양이야. 언제부터인지 녀석 스스로가 웃는 얼굴로 손님을 맞기 위해 노력하고 있더라고. 웃고 있으면 가게 분위기가 확실히 좋아져. 그러면 자연스럽게 손님도 찾아올 거야.

평범한 사람도 '전설'의 점장이 될 수 있다

우리 가게에서는 매년 점장급 직원들이 대여섯 명씩 독립해서 회사를 떠나가지. 녀석들의 빈자리를 메우는 일이 생각보다 쉽지 않아. 회사는 물론 녀석들의 뒤를 이어서 점장이 되는 직원에게도 힘든 일이야. 왜냐하면 점장은 스타가 되어야 하거든. 우리 회사에서는 하고 싶다고 손을 든 사람에게 점장을 시키고 있어. 점장을 하고 싶다고 지원한 이상 나름의 목표와 이상을 가지고 있다고 생각하기 때문이야. 처음부터 뛰어난 센스를 타고난 녀석은 새로운 일에 도전해가면서 매출도 늘리고 자연스럽게 스타 점장이 되지. 물론 개중에는 도대체 왜 손을 든 건지 이해가 안 가는 녀석도 있지만.

자타공인 센스가 없는 녀석이라도 전설의 점장이 되는 건 생각보다 어렵지 않아. 대단한 일을 할 필요는 없어. 매일 가게에 가장 먼저 출근하거나, 제일 늦게까지 남아서 일하면 되는 거야. 화장실 청소를 다른 사람에게 시키지 않고 직접 하는 점장이 있다고 생각해봐. 이런 얘기가 최소 10년은 전해질걸. 아무리 간단한 일이라도 그 일을 꾸준히 계속하면 모두가 '굉장하다'고 인정해줄 거야. 그렇게 되면 가게의 직원들을 이끌어갈 수 있는 힘이 생기지. 물론 그 힘은 독립해서 자기 가게를 갖게 됐을 때도 큰 재산이 돼.

처음에는 보통 10평 규모의 가게로 시작해. 3년 정도 노력하면 20평 규모의 2호점을 낼 수 있는데, 2호점이 생기면 가게를 맡길 사람이 있어야 하지. 독립해서 3년 동안 가게를 믿고 맡길 수 있는 오른 팔을 키워야 하는데, 사람을 이끌어가는 '전설'의 힘은 바로 이럴 때 필요한 거야. 설령 지금 내가 할 수 있는 일이 하나도 없다 해도 결코 포기하지 마. 필사적으로 자신이 할 수 있는 '무엇'을 찾아서 꾸준히 계속한다면, 언제까지라도 모두의 기억 속에 남는 점장이 될 수 있어. 하지만 그 무엇은 반드시 자기 스스로 찾아내야 해. 다른 사람이 시켜서 하는 일로는 실력이 쌓이지 않거든. 화장실 청소도 자기가 솔선해서 하지 않으면 아무도 대단하다고 생각해주지 않아. 전설은 될 수 없지.

내가 젊은 시절 친구와 함께 가게를 운영할 때였어. 화장실에 휴지가 떨어져도 아무도 채워 넣는 사람이 없더라고. 어쩔 수 없이 항상 내가 채워놓았지. 그래서 '왜 매번 내가 이 일을 해야 하는 거지?'라고 불만스럽게 생각하고 있었는데, 이게 내가 하는 일이라고 달리 마음을 먹었더니 신기하게도 불만스러운 마음이 사라졌어. 휴지는 꼭 내가 갈아야겠다고 생각하니까 그 일도 재미있게 느껴지더라고. 누가 나에게 일을 시킨다고 생각하면서 일하는 것과 내가 스스로 하는 건 전혀 다른 거야.

다만 한 가지, 점장이 되기 위해 반드시 필요한 게 있어. 바로 저축이야. 우리 회사에는 점장 위에 포지션이 없어. 점장은 독립을 눈앞에 둔 사람들이라고 할 수 있지. 가게를 열겠다는 꿈만 있고 돈이 없다는 건 말이 안 돼. 저축한 돈에 따라서 할 수 있는 가게가 달라지니까. 점장은 결코 쉬운 자리가 아니지만 독립하기 전에 귀중한 경험을 할 수 있는 기회야. 그러니 앞으로도 많은 가게 직원들이 지금처럼 적극적으로 도전해줬으면 좋겠어.

작은 가게라도
모이면 큰 힘을
발휘한다

우리 회사는 같은 동네에 가게를 여럿 내는 경우가 적지 않아. 시부야 같은 번화한 거리가 아니라도 시모키타자와처럼 그다지 규모가 크지 않은 동네에서도 여러 개의 가게를 운영하고 있지. 게다가 우리 회사에서 독립한 친구들도 하나둘 주변에 가게를 열고 있어.

가게에 따라서는 독립한 직원이 같은 동네에 가게를 차리는 건 있을 수 없는 일이라고 생각하는 곳도 있더군. 물론 나름대로 일리가 있어. 당연하잖아. 독립한 사람은 가게를 궤도에 올려놔야 하니까 죽을 힘을 다해 손님을 끌어가려고 한단 말이야. 졸업생들 중에 우리 가게에서 10미터 떨어진 곳에 가게를 연 친구가 있었는데, 아무리 생각해도 그건 좀 너무했다는 생각이 들기도 해. 자기 돈을 들여서 장사를 하는 친구보다 필사적으로 일해서 이기긴 쉽지 않으니.

하지만 다르게 생각해보면, 비슷한 동료들이 한 동네에 모여 있는 게 유리하다고 생각해. 우리가 하고 있는 작은 이자카야 한 곳 한 곳의 힘은 그리 크지 않지만, 뭉치면 할 수 있는 일이 많아지잖아. 우리 가게에서 독립한 직원이 지방에 가게를 내고 싶다고 할 때는, 우리와 거래하고 있는 금융기관이 '공동체' 전체의 실적을 평가해서 가게를 낼 지역의 지방 기업에 연락을 해줬어. 이런 도움을 받으면 연고가 없는 곳에도 가게를 차리기 수월해지잖아.

충고 하나 하자면, 우리가 거래처로 선택해야 하는 금융기관은 지역사회에 뿌리를 내리고 있는 신용금고야. 가끔 독립하려는 직원들 중에 "저는 ○○의 도시은행을 좋아해서 그곳에 융자를 부탁하려고 생각 중이에요." 하는 녀석이 있는데, 사업 규모가 작은 우리는 도시은행에 가면 제대로 대접받기가 쉽지 않아. 대신 지역의 신용금고와 좋은 관계를 유지하고 있으면 지점장이 가게에 한두 번은 찾아오지. 그렇게 그곳에서 일하는 사람들을 자연스럽게 손님으로 만들 수도 있어. 우리 같은 작은 가게들은 지역과의 교류가 매우 중요한 법이거든.

아무리 개인 점포라 해도 혼자서 운영해가는 건 무리가 있어. 오랫동안 장사를 하다 보면 좋을 때도 있지만 나쁠 때도 있으니까. 가게가 슬럼프에 빠졌을 때, 자기 혼자서 아무리 이런저런 생각을 해봐도 불안함을 떨치기 어렵잖아.

우리 가게에서는 지금 일하고 있는 직원도, 이미 독립한 직원도 자주 다 같이 어울리면서 술을 마시지. 대화의 90%는 쓸데없는 거지만, 10%는 진지한 장사 얘기야. 동료의 가게가 성공할 수 있었던 이유부터 시작해서 여러 정보를 들을 수 있지. 이런 게 자기 가게를 키워나가는 밑거름이 되는 거야. 동료 중 하나가 채소를 싸게 구입할 수 있는 지방 농가를 알고 있다고 얘기하면, 양해를 구하고 같은 곳에서 채소를 구입할 수도 있어. 전철로 두 역 이상 떨어진 가게라면 대부분 라이벌이라고 생각하지 않거든. 도움을 받아서 장사의 폭을 넓혀보는 거야.

나는 아르바이트생이나 젊은 직원들과 자주 술을 마시러 가. 같이 술을 마시다 보면 새로운 걸 알게 되지. 녀석들의 고민을 듣고 있으면, 내가 살아온 길도 되짚어볼 수 있고 가게도 개선해갈 수 있어. 사람들과 얘기를 나눈다는 건 정말 중요한 일이야.

효과적으로 혼내는 기술을 익혀라

가게 내에서 맺는 관계도 정말 중요해. 가게 안에서의 인간관계는 우리 직원들의 큰 고민거리 중 하나야. 특히 점장이 되면 자기 밑의 직원이나 아르바이트생과의 관계 때문에 골머리를 썩지. '아르바이트생을 혼냈더니 사이가 어색해져 버렸어'라고 고민하면서. 나는 이런 일들은 경험 부족에서 비롯되는 것일 뿐이지 그리 대단한 고민거리는 아니라고 생각해.

확실히 사람을 혼내는 일은 쉽지 않아. 누군가를 혼내려고 할 때 가장 먼저 알아두어야 할 점은 혼내는 건 괜찮지만 화를 내서는 안 된다는 거야. '화를 내는' 건 자신의 감정을 쏟아내서 상대방을 몰아세울 뿐이지만, '혼을 내는' 건 상대방이 개선되기를 바라는 마음에서 하는 행동이지. 이둘은 전혀 다른 행위야. 하지만 상대방을 위해서 혼을 냈는데 그 마음이 제대로 전해지지 않을 때도 많아. 듣는 사람이 기분 나쁘지 않게 혼내는 방법은 혼낸 뒤에 상대방을 칭찬해주는 거야. "아까 손님을 대하는 태도는 참 좋았어."처럼 사소한 일이라도 상관없어. 누구라도 칭찬을 받으면 기분이 좋잖아. 게다가 혼난 뒤라면 몇 배로 기쁘지.

그리고 손님이 있는 곳에서는 절대로 직원을 혼내면 안 돼. 전에 초밥집 주인이 내 눈앞에서 젊은 종업원을 혼낸 적이 있는데 입맛이 싹 가셨지. 혼난 녀석이 만든 초밥은 먹고 싶지 않잖아. 이자카야도 마찬가지야. 혼난 직원이 만든 요리와 서비스를 원하는 손님은 아무도 없어. 직원들끼리 관계가 원만하지 못하면 자연히 가게 분위기도 나빠지게 돼 있어. 가게에 이런 문제가 있을 때는 거의 대부분 점장에게 원인이 있지. 점장이 확실하게 자신의 '목표'를 가지고 일하고 있으면 인간관계도 나빠지지 않거든. 우리 가게에서 일하는 점장들은 모두 자신의 가게를 가지겠다는 걸 목표로 일하고 있어. 대부분의 문제는 이 목표가 흔들릴 때 일어나지.

독립한다고 하는데 저축해놓은 돈도 없고 가게에 출근하는 것도 제일 늦어. 게다가 점장이라고 장을 보러 가지도 않고 설거지도 안 해. 화장실 청소는 당연히 패스. 이렇게 행동하는 점장이라면 아랫사람에게 이것저것 지시를 내려도 '입만 살아서는…… 무슨 소리하는 거야.'라고 무시당할 뿐이야. 원만한 인간관계가 형성될 리 없지.

> 당연한 얘기 같지만, 내 가게를 갖고 싶다면 먼저 솔선수범해서 일하는 버릇을 들여야 해. 독립하면 가게 일은 전부 내 차지가 된다고 생각해도 좋아. 부단히 연습하지 않으면 나중에 당황하게 되어 있어.

독립하면 가게 일을 전부 혼자서 해내지 않으면 안 돼. 주방 일은 요리만 있는 게 아냐. 장보기부터 설거지까지, 하나부터 열까지 전부를 파악하고 있어야 해. 그렇기 때문에 독립을 목표로 한다면 라쿠 코퍼레이션에서 일할 때부터 솔선해서 일하는 버릇을 들여야 해. 착실하게 제대로 일하는 점장은 대부분 직원들과 잘 지내. 영업이 끝난 뒤나 쉬는 날에 다 같이 한잔하러 가는 경우도 많아. 나는 기본이 돼 있는 녀석이라면 인간관계로 고민할 일은 거의 없다고 생각해.

지금은 독립해서 성공적으로 가게를 운영하고 있지만 황당한 실수를 저지른 점장도 많아. 한 녀석은 양념에 재워서 준비해놓은 닭튀김을 따뜻한 방안에 그냥 놓아둬서 자그마치 50마리나 못 쓰게 만들어버렸어. 그러면 닭고기가 상한다는 걸 몰랐다나? 어처구니없는 일이지만 누구나 실수는 할 수 있어. 다음에는 실수하지 않도록 배우면 되잖아. 한 사람 몫을 해낼 수 있을 때까지 다른 사람보다 시간이 조금 더 걸릴지는 몰라도, 솔선해서 열심히 일하면 반드시 성장하게 돼 있어. 사소한 실수 정도로 직원들과의 관계가 나빠질 리도 없지. 나는 그렇게 확신해.

손님과의 인연은 위기를 극복하는 힘이다

오랫동안 가게를 경영하면서 몇 번이나 불황의 파도에 휩쓸려온 나지만, 동일본대지진(2011년 3월 11일)이 일어났을 때는 심각한 위기감을 느꼈어. 지진 직후에는 당시 18개였던 가게 매출을 다 합쳐도 100만 엔이 안 되는 날도 있었지. 계획 정전(지진 직후 전력 부족으로 일부 지역에서 제한적인 전력 배급이 이루어졌다-편집자주)의 영향이 컸어. 어쩔 수 없이 아르바이트생들을 쉬게 하고 직원들만으로 가게를 운영했지. 일손이 부족하니까 시부야를 비롯한 4곳은 임시휴업으로 문을 닫을 수밖에 없었어. 그런 힘든 상황에서 오히려 가게 직원들의 동료애는 어느 때보다 끈끈해지는 걸 느낄 수 있었어.

산겐쟈야에 있던 가게는 주로 동네 주민을 대상으로 하는 가게였

사소한 배려가
쌓이고 쌓여서
손님들과의 인연을
만드는 법이야.

는데, 주변에 음식점이 많아서 늦은 시간이 되면 장사를 마치고 들르는 가게 주인이나 직원들이 많았어. 지진 후에 장사하는 사람들이 서로 정보를 교환하는 장소가 됐으면 좋겠다는 생각에 새벽 2시였던 영업시간을 새벽 5시까지 연장했어. 그랬더니 이게 웬걸! 가게를 시작한 이래로 가장 많은 손님이 찾아온 거야. 2층짜리 가게가 손님 90명으로 가득 찼는데 직원은 고작 4명뿐이었지.

그러자 이 얘기를 들은 다른 가게의 직원들이 가게 영업이 끝난 뒤에 자발적으로 산겐쟈야에 일을 도우러 왔어. 행여 무리를 하는 건 아닌지 걱정되면서도 어찌나 고마웠는지 몰라. 시간이 지나면 그때 가게가 얼마나 힘들었는지, 어려웠던 기억은 희미해지겠지. 하지만 지진은 우리에게 아주 중요한 걸 가르쳐줬어.

나는 라쿠 코퍼레이션이 이렇게 큰 위기를 극복한 비결은, 직원들이 전부터 꾸준히 손님들과 인연을 만들어온 덕분이라고 생각해. 따뜻한 가게, 대화 상대가 있는 가게에 가고 싶을 때 머릿속에 떠오른 곳이 바로 우리 가게였던 거야. 그래서 지진 직후 손님들이 우리 가게를 찾은 거지. 손님들과의 인연은 지금 우리에게 큰 힘이 되고 있어.

손님이 찾아가고 싶은 가게를 만드는 일은 그리 어렵지 않아. 라쿠 코퍼레이션에서는 직원의 제안으로 얼마 전부터 테라스가 있는 가게에서는 영업 준비 중에도 손님을 받기 시작했어. 주택가에 있는 가게라 그런지 "지금 하고 있는 거야?" 하고 낮부터 가게를 들여다보는 사람이 꽤 있었거든. 그래서 테라스 쪽은 영업 준비에 방해가 안 되니까 간단한 메뉴를 준비해서 오후 1시부터 손님을 받기 시작했어. 아직 준비 중인 걸 알면서도 혹시나 하는 마음에 물어보는 손님이 대부분이라서 에다마메나 생맥주처럼 간단한 메뉴밖에 없어도 다들 좋아해. 별거 아니라고 생각할지 모르지만, 그 시간에 "괜찮아요. 들어오세요." 하고 말해주는 가게는 거의 없거든. 평범하지만 특별한 서비스를 할 수 있는 거야.

아직 이른 시간이니까 손님도 테이블 옆에 준비 중인 음식 재료가 있어도 이해할 거야. 아직 냉장고에 넣지 않은 토마토가 있을 때 "이거 좀 드릴까요? 냉장고에 넣으면 금방 차가워져요."라고 한마디 건네면 분명히 "네!" 하고 대답할걸. 그렇게 냉장고에 5분 정도 넣어놓았다가 잘라서 내놓으면 토마토 하나로 손님에게 만족감을 줄 수 있어. 낮부터 술을 마시면 밤에는 또 다른 즐거움을 찾을 수 있지. 이런 사소한 배려 하나가 손님들이 '좋은 가게네. 다시 가봐야겠어'라고 생각하게 만드는 거야. 이런 게 쌓이고 쌓여서 손님과의 인연을 만들어가는 거지.

나는 거의 매일 저녁 한잔하러 나가는데, 주로 우리 가게에서 독립한 녀석들의 가게를 찾아가지. 우리 가게에서는 매년 대여섯 명 정도가 독립해서 자기 가게를 시작하는데, 녀석들이 여기저기에서 다양한 가게를 하고 있거든. 그중에 오코노미야키가 맛있는 걸로 유명한 가게가 하나 있어. 그 가게에서는 가미다나(가정이나 가게 등에서 신을 모시는 작은 사당. 일본 대부분의 가게에는 장사 번창을 기원하는 가미다나가 마련돼 있다-편집자주)에 사카키(신전에 바치는 상록수-편집자주)가 아니라 오코노미야키의 재료인 양배추를 대신 올려놓고 있지 뭐야. 정말 기발하지 않아? 가게에서 이런 장난기 넘치는 연출을 발견할 때면 졸업생들이 가게를 멋지게 꾸려가고 있는 거 같아서 흐뭇해져.

손님의 이름을 외우는 건 중요한 고객 서비스 중 하나야. 생각해봐. 주문을 받을 때 "1번 테이블에 맥주 하나!"라고 하는 것보다 "○○씨한테 맥주 하나!"라고 말하면 손님이 내심 기뻐하지 않겠어? 여러 번 가는데도 처음 본 사람처럼 딱딱하게 "어서 오세요." 하고 인사하는 가게보다는 "○○씨 또 오셨네요. 어서 오세요."라고 웃으면서 맞아주는 가게에 또 가고 싶어지는 건 당연한 일이야.

우리 가게 직원들 중에, 가게 주인이 손님들의 이름을 부르면서 친하게 어울리는 게 좋아 보여서 자기도 그렇게 해야겠다고 생각한 녀석이 있었어. 전부는 무리일지 몰라도 손님의 90%는 이름을 외우겠다고 결심한 거야. 그래서 독립하고 난 뒤에 어떻게 하면 손님들의 이름을 잘 외울 수 있을지 이런저런 궁리를 했지. 결국 녀석은 이름을 물어볼 계기를 만들 수 있게 손님들과 얘기를 나눌 수 있는 메뉴를 여러 개 생각해냈어.

정말 간단한 거야. 예를 들어, 생선회를 다 먹은 손님에게는 "남은 츠마는 이것과 같이 드세요." 하면서 따끈한 국물을 내놓는 거야. 의외로 츠마를 좋아하는 손님이 많거든. 간단한 서비스지만 손님은 아주 기뻐할 거야. 손님이 "츠마 좋아하는데, 고마워요."라고 말하면 대화가 시작될 수도 있지. 그렇게 이런저런 얘기를 하다가 자연스럽게 이름을 물어볼 수 있을 거야. 물론 우리 가게에 있을 때도 열심히 일한 녀석들이지만, 독립해서 자기 가게를 가지게 되면 감탄이 절로 나올 정도로 모두들 멋지게 능력을 발휘하지.

이번에는 라쿠 코퍼레이션에서 일하다 독립한 5명을 소개하려고 해. 직원 중에서 첫 번째로 독립한 녀석은 수십 년 동안 자기 가게를 해오면서 인생을 제대로 즐기고 있지. 가게를 시작한 지 반년도 안 됐는데 벌써부터 손님이 넘쳐나는 녀석도 있어. 수백 명이 넘는 졸업생들 중 극히 일부이긴 하지만. 자기 가게를 가지고 있는 사람, 그리고 자기 가게를 가지고 싶은 사람들이 읽어보면 큰 도움이 될 거야.

PART 6

장사가 즐거우면
인생도 즐겁다

장사의 신이 된 남자들

요리가 아닌
'인생'을 파는
가게를 만들다

[준스이](じゅん粋) 도쿄 키치죠지/고바야시 준(小林淳)
라쿠 코퍼레이션에서 6년간 근무한 뒤 독립. 추임새를 넣으면서 굽는
돈페야키가 주메뉴인 이자카야를 시작했는데 오픈 직후부터 큰 인기를 얻고 있다.

저는 아버지(우노 다카시 사장을 친근하게 부르는 호칭)의 가게 라쿠 코퍼레이션에 입사하기 전에는 음식점에서 일해본 경험이 거의 없었어요. 그러다가 스무 살이 되기 전에 집 근처에 있던 라쿠 코퍼레이션의 가게에서 몇 개월 동안 아르바이트를 하게 됐죠. 손님들이 엄청나게 붐비는 와중에도 직원들이 활기차게 일하는 모습이 굉장히 인상적이었어요. 그 가게는 언제나 정신없이 바빴는데, 단골손님이 찾아오면 직원들이 "왜 이렇게 바쁠 때 오시는 거예요? 어서 오세요!" 하면서 인사를 하곤 했어요. 그때까지 손님에게 그렇게 반갑게 인사하는 가게를 본 적이 없었기 때문에 꽤나 충격이었죠.

하지만 아르바이트가 끝나고도 제 인생을 음식점과 연결해서 생

각해본 적은 없었어요. 제 주변에는 건설 관련 직종에 종사하는 사람이 많아서 내심 그쪽 일을 하고 싶다고 생각하고 있었거든요. 덤프트럭 운전 같은 일이요. 한편으로는 권투를 굉장히 좋아해서 프로에 한번 도전해보고 싶다는 마음을 계속 가지고 있었죠. 그래서 스물다섯이 됐을 때 지금이 마지막 기회다 싶어서 프로에 도전하기로 결심하고 훈련을 시작했는데, 부상으로 2년 만에 꿈을 접고 말았어요.

그렇게 권투를 포기하고 나니까 앞으로 어떻게 먹고살면 좋을지 고민스럽더라고요. 그때 이자카야를 해보는 건 어떻겠냐는 친구의 얘기를 듣고 라쿠 코퍼레이션의 문을 두드리게 됐어요. 솔직히 가게에 들어가 처음부터 배워나가기에는 스물일곱이라는 제 나이가 너무 많은 것 같아서 걱정이 되기도 했어요. 그런 저에게 아버지는 이렇게 말씀하셨죠.

"너는 건설업계에서도 일해보고, 복싱도 해보고 여러 가지 인생의 '드라마'를 가지고 있어. 인간은 말이지, 이것저것 다양한 경험을 해본 녀석일수록 매력이 있는데, 이자카야를 하는 데는 바로 그런 사람이 제격이야. 술집은 자기 '인생'을 파는 곳이거든. 요리나 술은 도구에 지나지 않아. 으뜸가는 상품은 '자기 자신'이지. 그러니까 돈을 모아서 가게를 여는 걸 목표로 열심히 노력해봐."

아버지의 얘기는 저에게 큰 힘이 됐어요. 저는 독립할 때까지 계속 아버지에게 "요리를 못한다."는 핀잔을 들었어요. 그렇다고 혼난 적은 한 번도 없어요. 프렌치 레스토랑에라도 가서 제대로 된 요리를 먹어보고 요리를 배워오라는 말도 들어본 적이 없죠. 아버지는 주부들이 보는 요리잡지를 많이 참고하는데, 그 잡지들을 읽어보라는 조언을 들은 게 전부였어요. 사실 제 '요리 선생님'은 백화점 지하 식품 코너 정도였죠. 하하. 아버지는 '요리를 못한다'는 사실을 깨닫는 게 중요하다고 강조하세요. 그리고 부족한 요리 실력을 커버하기 위해 무엇을 해야 하는지 알려주셨죠.

예를 들어, 라쿠 코퍼레이션의 인기 메뉴 중에는 아부리 시메사바(식초에 절인 고등어를 센 불로 살짝 구운 요리-편집자주)가 있어요. 장식용 잎사귀를 깔고 그 위에 시메사바를 담아서 테이블에 가져가 마지막으로 버너로 살짝 구워서 완성하는 메뉴예요. 이렇게 굳이 손님의 눈앞에서 직접 버너를 사용하는 조리법은 음식의 맛을 살리기 위한 게 아니에요. 손님과 접점을 만들기 위한 연출인 거죠. 밑에 나뭇잎을 깔았기 때문에 버너의 불길이 닿으면 잎사귀가 타면서 소리를 내요. 손님들은 그걸 보면서 즐거워해요. 이자카야에서는 맛있는 음식보다 즐겁게 먹을 수 있는 음식이 잘 팔리니까요. 그래서 저는 어떻게 해야 손님을 놀라게 할 수 있을지, 어떻게 즐겁게 만들 수 있을지를 항상 열심히 궁리해요.

라쿠 코퍼레이션에 입사해서 2년 정도 지난 뒤에는 제가 만든 오늘의 추천메뉴를 매일 가게의 메뉴에 올렸어요. 저는 요리를 잘 못하니까 '뎀프시 롤캬베쓰'(양배추에 고기소를 말아서 만든 요리─편집자주) 같은 메뉴를 생각해냈어요. 권투에 뎀프시 롤이라는 기술이 있거든요. 실은 그냥 평범한 롤캬베쓰인데, 손님에게 내갈 때 뎀프시 롤을 구사하는 것처럼 흉내를 내면서 가지고 가는 거예요. 손님들의 반응은 어땠냐고요? 상상에 맡길게요. 하하.

라쿠 코퍼레이션은 많은 가게를 운영하고 있어요. 저는 제가 근무하던 곳 말고 다른 가게에도 자주 술을 마시러 갔는데요, 라쿠 코퍼레이션은 사람들이 일반적으로 알고 있는 체인점과는 달라요. 개인이 운영하는 가게처럼 점장이 가게의 이런저런 일들을 결정할 수 있기 때문에 각각 나름대로의 개성을 가지고 있어요. 직원들도 개성 있는 가게를 만드는 데 한몫하죠. 모든 가게에는 독립을 꿈꾸는 직원이 있어서 그 사람들이 고안해낸 새로운 요리가 추천메뉴에 올라가거든요. 기발하고 참신한 메뉴가 많아서 참 많은 도움이 됐어요. 독립해서 이미 자기 가게를 가지고 있는 선배도 많으니 그 가게를 둘러보는 것도 공부가 됐고요.

특히 큰 영향을 끼친 곳은 음식에는 별다른 특징이 없지만 손님들을 즐겁게 해주는, 분위기가 좋은 가게였어요. 예를 하나 들어볼게요. 제가 좋아하는 선배의 가게에는 종이 걸려 있어서 손님이 첫 잔을 마실 때마다 "땡!"하고 종을 쳐요. 같이 온 손님이 4명이면 "땡! 땡! 땡! 땡!" 4번 계속해서 치는 거예요. 하하.

저는 지금까지 라쿠 코퍼레이션 졸업생의 가게는 물론이고 이곳 저곳 많은 가게를 둘러봤는데요. 아버지가 가르쳐준 대로 새로운 가게에 가면 반드시 그 가게의 장점을 찾아내서 그걸 배우려고 노력했어요. 가게 100곳을 보러 가면 가게 경영의 노하우를 100개나 얻어 올 수 있는 셈이죠. 그 노하우를 잘 활용하면 틀림없이 손님들이 기뻐하는 가게를 만들 수 있어요. 독창성은 조금 떨어질지 모르지만요.

저는 처음에는 독립하면 어머니와 둘이서 작고 평범한 이자카야를 하려고 마음먹고 있었어요. 하지만 라쿠 코퍼레이션에서 일하는 동안 이것저것 해보고 싶은 일들이 많아져서 결국 노점상의 느낌을 살린 10평짜리 작은 가게에서 철판 요리 집을 시작했어요. 독립할 때까지 철판 요리는 한 번도 해본 적이 없는데 말이죠.

메인 메뉴는 돈페야키예요. 돈페야키는 돼지고기를 계란부침으로 말아서 만드는 일종의 부침개인데, 철판 위에서 돈페야키를 뒤집거나 자를 때마다 "얼쑤! 얼쑤!" 하고 추임새를 넣어가면서 만들어요. 이렇게 신나게 요리하는 걸 보면 손님들도 기운이 나죠. 재미있어 보이니까 옆에서 보고 있던 손님도 덩달아 "나도 하나 만들어주세요." 하고 주문해요. 만들기 쉬운 요리라서 가끔 "이거라면 나도 만들 수 있겠는데?"라고 말하는 손님이 있는데, 그럴 때면 "한번 해보시겠어요?" 하고 물어봐요. 해보겠다는 손님은 주방 안으로 들어오게 해서 자기가 먹을 돈페야키를 직접 만들 수 있게 하죠. 물론 제가 만들 때와 똑

가게 100곳을 보러 가면
경영의 노하우를
100개나 얻어올 수 있어.

같이 주변 손님들과 다 함께 "얼쑤! 얼쑤!" 하고 추임새를 넣으면서 만들어요. 만드는 사람도 보는 사람도 모두 굉장히 신이 나죠.

얼마 전에 갑자기 돈페야키에 파를 넣으면 좋겠다는 생각이 들었어요. 파를 넣는 게 더 맛있을 거 같았기 때문이지만, 손님들에게는 "꿈속에 산신령이 나타나서 이제부터는 돈페야키에 파를 넣어서 만들라고 말씀해주셨어요."라고 설명하고 있어요. 이렇게 얘기하는 편이 더 재미있으니까요.

가게를 오픈할 때부터 있던 메뉴인 갈비구이도 보다 재미있는 메뉴로 만들기 위해 살짝 변화를 줘서 내놓기 시작했어요. 갖은 양념에 재워놓았다가 채소와 함께 굽는 갈비로, 고기의 양이 250g이나 되는 상당히 볼륨감 있는 메뉴예요. 오픈 초기에는 양념에 재워놓은 커다란 갈비를 일부러 오래돼 보이는 항아리에 넣어놓았어요. 그리고 항아리에서 갈비를 꺼내 "굉장하죠?"라고 손님들에게 보여주는 식이었죠. 지금은 손님이 남자라면 "옆에 앉은 여자 분하고 나눠 드시면 인연이 싹틀지도 몰라요." 같은 얘기를 하면서 고기를 굽죠. 철판 위에 야채를 하트 모양으로 올려놓고 그 한가운데 갈비를 놓고 굽는 거예요. 저는 이걸 '인연 갈비'라고 이름 붙였어요. 하하.

이렇게 어떤 메뉴를 만들어서 어떻게 손님을 즐겁게 해줄지 언제나 연구하고 또 연구하고 있어요. 스테이크 커버(철판 위에서 고기나 야채를 찔 때 쓰는 뚜껑-편집자주) 손잡이에 자전거 벨을 붙여놓고 '따릉따릉'

울리면서 요리하기도 하고, 스테이크를 구울 때만 하얀 요리사 모자를 꺼내 쓰고 고급 레스토랑 요리사 흉내를 내기도 하죠.

　요리를 준비하는 작업은 '놀기' 위해서 필요한 과정이라고 생각해요. 꼼꼼하게 음식 재료를 구입하고 잘 다듬어서 준비를 마치고 나면, 가게를 열어 준비해둔 도구를 가지고 '노는' 일만 남은 거예요. 어머니와 함께 가게를 하는 꿈은 이루지 못했지만 사실은 말이죠, 우리 가게에는 '진짜 어머니가 만들어주는 가지찜'이라는 메뉴가 있어요. 그게 정말 말 그대로 진짜 우리 어머니가 집에서 만드는 가지찜이에요. 평범한 동네 할머니가 야채가게에서 가지를 엄청나게 많이 사가니까 동네 사람들이 다들 궁금하게 생각한대요. 하하. 어머니는 집에 가지찜 냄새가 배어버렸다고 투덜거리지만, "어머니가 만들어준 가지찜이에요." 하고 말하면 손님들은 모두 좋아한답니다. 이렇게 누군가를 떠올리게 하는 메뉴는 참 매력적인 거 같아요.

　저는 손님들이 돌아가면서 맛있었다고 말하는 것보다 즐거웠다고 말해주는 쪽이 더 기분이 좋아요. 그래서 직원에게도 손님에게 음식을 빨리 내가지 못해도 괜찮다고 얘기하죠. 대신 우리 가게에서는 웃는 얼굴로 손님을 대하는 게 무엇보다 중요하다고 가르쳐요. 누가 뭐래도 노렌(가게 이름을 새긴 천으로 영업을 시작하면 가게 앞에 내건다-편집자주)에까지 박아넣은 우리 가게의 컨셉은 'BAKAWARAI'(웃음 한바탕)니까 말이에요.

하고 싶은 일은 하고 보자, 아니다 싶으면 그때 그만두면 된다

[니시오상](西尾さん) 도쿄 신주쿠 / 니시오 히사시(西尾尚)

독립한 뒤 직원을 쓰지 않고 혼자서 가게를 꾸려가는 중이다.
예약 없이는 갈 수 없는 가게로 유명한데, 하룻밤에 100명의 손님이 그냥 돌아간 적도 있다.

저는 시즈오카 현 하마마쓰 출신으로, 20살이 되기 전부터 음식점에서 일을 했어요. 22살 때 가게를 그만뒀는데, 그 이유는 가게 주인이 "자기 가게를 시작하게 되면 마음대로 쉴 수 없어."라고 말했기 때문이에요. 일하는 건 좋아하지만 인생의 전부를 일로 보내는 건 원치 않았거든요. 내가 뭘 위해 일하고 있는지 곰곰이 생각하고서 결국 그만두게 됐죠.

그 뒤 도쿄에 있는 대학교 식당에서 일을 시작했어요. 휴가가 좀 더 많았어요. 저는 여기저기 맛집 찾아다니는 걸 좋아하는데, 맛있는 걸 먹으러 여행을 떠날 수 있는 직장이었죠. 그렇게 생활하고 있을 때 라쿠 코퍼레이션에 술을 마시러 갔어요. 라쿠 코퍼레이션이 막 창업

했을 때였어요. 교토의 오반자이에서 힌트를 얻은 오오자라소자이 요리를 간판으로 내건 라쿠 코퍼레이션은 장안의 화제였고, 가게 안은 언제나 손님들로 가득 차 있었어요. 손님이 그렇게 많은데도 손님의 요구를 캐치해내는 직원들의 '안테나'는 대단했죠.

가지에 미트 소스를 얹고 치즈를 뿌려서 구운 요리를 주문했는데, 다 먹기도 전에 음식이 식어버렸지 뭐예요. 그런데 정신없이 바쁘게 일하던 직원이 "데워다 드릴까요?" 하고 물어보더니 다시 따뜻하게 데워서 가져다줬어요. 치즈도 더 뿌려서 말이죠. 직원들이 항상 손님들을 보고 있다는 걸 느낄 수 있었어요. 참 멋진 사람들이라고 생각했죠. 그런 분위기에 매력을 느껴서 근무하던 학교식당 근처에 있는 라쿠 코퍼레이션을 즐겨 찾았는데, 그러다 아버지를 소개받았어요.

라쿠 코퍼레이션은 직원을 독립시키는 걸 경영방침으로 삼고 있는 회사예요. 하지만 자기 가게를 가지게 되면 마음대로 쉴 수 없잖아요. 저는 아버지에게 제가 요식업계에서 일하는 동안 계속 품어왔던 의문에 대해 물어봤어요. 그러자 아버지는 "당연히 쉴 수 있지. 우리가 가게를 왜 하는데."라고 아무렇지 않게 말하는 거예요. "고용된 사람은 마음대로 쉴 수 없지만, 자기 가게라면 얼마든지 쉴 수 있잖아."라고요. 그 얘기를 듣고는 더 이상 주저하지 않고 바로 라쿠 코퍼레이션에 입사했어요. 제가 30살 때예요. 모든 게 신선했죠.

이전에 음식점에서 일할 때는 선배가 하는 말이 절대적이었어요.

하지만 라쿠 코퍼레이션은 신입인 저의 의견도 존중해주었답니다. 가게 메뉴에도 해보고 싶은 아이디어가 있으면 망설이지 말고 시도해보라면서 실제 메뉴에 넣어주었어요. 그러자 모든 일에 의욕적으로 임하게 되더라고요.

라쿠 코퍼레이션은 손님 한 사람 한 사람을 소중하게 여기고 인간관계를 만들어가는 걸 중요하게 여기죠. 그래서 "어서 오세요!"라는 한마디도 반드시 손님의 눈을 보면서 말해야 한다고 교육해요. 일하는 중이라도 일을 잠시 중단해도 괜찮으니까 손님을 제일로 생각하라고 말이죠. 물론 불을 사용하는 주방에서는 손을 뗄 수 없지만, 손은 움직이고 있어도 눈은 손님을 쳐다보고 인사해요. 이런 자세는 손님을 배웅할 때도 똑같다고 배웠어요.

음식 재료를 납품하는 업자들과의 인간관계를 보고도 많이 놀랐어요. 보통 가게에서는 업자가 맥주 박스를 들고 오면 "거기 놓아주세요." 하잖아요. 자기가 '고객'이라고 생각하니까요. 하지만 라쿠 코퍼레이션에서는 하던 일을 잠시 멈추고 가서 도와줘요. "배달하기 힘드시죠."라고 말을 건네면서요. 그 사람들도 함께 일하는 '동료'라고 생각하는 거예요.

그런 가게였기 때문에 저도 고객의 입장에서 서비스할 수 있도록 항상 신경을 쓰며 일했어요. 예를 들어, 가게에 손님이 많아서 주문이 밀려 있을 때 손님의 재촉을 받으면 대부분은 홀에 있는 직원에게

"지금 만들고 있다고 해줘."라고 얘기할 거예요. 하지만 저는 제가 홀에 나가서 "저는 주방에서 요리를 맡고 있습니다. 주문하신 요리는 바로 다음에 만들 거니까 조금만 기다려주세요."라고 손님에게 직접 설명했어요. 이렇게 하면 손님도 "괜찮아요. 기다릴게요." 하고 이해해주죠. 손님이 젓가락을 떨어뜨리는 소리가 들리면 손님이 새 젓가락을 달라고 얘기하기 전에 "자, 여기 있습니다." 하고 건넬 수 있도록 언제나 유니폼 주머니에 젓가락을 몇 개 넣어두고 있었고요.

저는 라쿠 코퍼레이션에서 오랫동안 일했어요. 제 가게를 시작한 건 47살이 돼서예요. '나 혼자서도 꾸려갈 수 있는 가게를 하자!' 이게 출발점이었죠. 저는 현장에서 일하는 걸 좋아해요. 만족감을 느낄 수 있으니까요. 혼자서 하는 가게라면 현장에 설 수밖에 없잖아요. 그래서 신주쿠의 한적한 골목길에 있는 빌딩 지하에서 7.5평짜리 가게를 발견한 뒤에 어떻게 하면 이 가게를 혼자서 꾸려갈 수 있을지 철저하게 연구했어요. 기본안주는 손님들의 좌석 근처에 냉장 케이스를 두고 그 안에 두 종류의 샐러드와 드레싱을 넣어두었어요. 먹고 싶은 걸 마음대로 꺼내 먹을 수 있도록요. 주문은 손님이 직접 종이에 써서 건네주는 방식으로 했고, 음료수는 가게 밖에 있는 자판기에서 뽑아 마실 수 있게 했죠.

우리 가게의 메인 메뉴는 오유와리 소주랍니다. 저는 히레사케(복어 지느러미를 구워서 따뜻하게 덥힌 일본 술에 넣어 마시는 것-편집자주)를 좋아하는데, 히레사케의 소주 버전을 만들 수 없을까 여러모로 궁리한 끝에 탄생한 메뉴예요. 우메보시(일본식 매실 장아찌-편집자주)와 구운 오징어, 그리고 제가 직접 교토까지 가서 사오는 질 좋은 다시마를 넣은 것까지 여러 종류가 있어요. 거의 모든 손님이 이것들을 주문하죠. 구운 오징어를 넣은 소주의 이름은 '야시로 와리'예요. 야시로 아키(일본의 유명한 엔카 가수-편집자주)의 히트곡 〈후나우타〉(舟唄)에 "안주는 구운 오징어가 좋다"는 가사가 나오는데 거기서 힌트를 얻어 붙인 이름이죠. 하하.

테이블에는 소주와 따뜻한 물을 놓아두고 술을 다 비운 손님들이 직접 만들어 마실 수 있도록 하고 있어요. 라면집에서 중간에 면을 추가해서 먹을 수 있는 것처럼 '추가'라는 메뉴도 만들었죠. '추가'로 주문하면 새로 한 잔 주문하는 것보다 싼 가격으로 마실 수 있어요.

우리 가게 간판 메뉴에도 셀프서비스를 도입하고 있답니다. 바로 제 고향의 명물인 시즈오카 오뎅(태평양을 마주 보는 시즈오카는 풍부한 해산물로 만든 오뎅이 유명한데, 일반 오뎅보다 검은색을 띠는 국물이 특징이다-편집자주)이에요. 꼬치에 꽂아서 파는 오뎅인데, 손님이 와서 직접 오뎅을 가지고 가고, 다 먹은 다음에는 꼬치를 테이블 위에 있는 통 안에 넣어주죠. 오뎅이라고 하면 겨울에 먹는 음식이라고 생각하는 사람들이 많은데, 시즈오카에서는 여름에도 인기 메뉴랍니다. 우리 가게에서도 사시사철 계절을 가리지 않고 잘 팔리는 인기 메뉴예요.

솔직히 처음에는 손님들에게 너무 응석을 부리는 건 아닌지 걱정했어요. 하지만 막상 뚜껑을 열어보니 손님들이 셀프서비스라는 시스템을 재미있어하는 거예요. 친구를 데리고 와서 음료수는 이렇게, 오뎅은 이렇게 하면서 직접 우리 가게의 시스템을 자세하게 설명해주더라고요. 제가 굳이 설명할 필요가 없을 정도예요. 아버지는 "일단 해보는 거야. 시도도 안 해보고 포기하는 건 바보 같은 일이지."라고 자주 얘기하셨어요. 생각대로 잘 안 되면 그때 그만두어도 늦지 않는다고요. 그런데 정말 인생은 해보지 않으면 알 수 없는 것들뿐이었어요.

물론 라쿠 코퍼레이션에서 배운 인기 메뉴도 잘 활용하고 있어요. 단호박 샐러드가 대표적인 경우죠. 으깬 단호박에 고구마와 마요네즈를 넣어서 버무린 샐러드인데, 디저트로 먹을 수 있을 만큼 맛있어요. 처음 먹어본 사람들은 하나같이 감동하는 라쿠 코퍼레이션 최고의 인기 메뉴였죠. 그런데 우리 가게에 오는 손님들은 대부분 이 샐러드를 먹어본 적이 없더라고요. 그래서 단호박 샐러드를 내놓으면 모두들 감탄하면서 맛있게 드세요. 모처럼 배운 조리법인데 한 사람이라도 많은 손님들에게 내놓지 않으면 아깝잖아요.

저는 우리 가게를 찾는 손님들이 보고 기분이 좋아지도록 가게 곳곳에 이런저런 연출을 해두고 있어요. 이것도 아버지의 영향이죠. 돈을 들이지 않고도 할 수 있는 일을 찾아보려고 노력해요. 우리 가게는 기본안주로 샐러드와 함께 드레싱을 두 종류 준비한다고 얘기했는데요, 드레싱 외에도 오차즈케용 후리카케(오차즈케는 밥을 녹차에 말아 먹는 음식으로 아침식사나 야참으로 많이 먹는 메뉴-편집자주)를 함께 놓아두고 있어요. 손님들은 후리카케를 발견하면 "어? 이거 오차즈케용 후리카케 아냐?" 하고 놀라곤 하는데 이게 바로 제가 원하는 반응이죠. 어떤 손님이 고향집에 내려가서 주변 사람들에게 이 얘기를 했더니 갑자기 마을 전체에 오차즈케용 후리카케가 유행했다고 해요. 하하.

군이 실내장식에 돈을 들이지 않아도 유머감각을 느낄 수 있는 가게라면 손님들은 즐거워합니다. 그래서 소금통이나 이쑤시개통 같은 건 특이한 모양으로 골라 사용하고 있어요. 휴가 때 놀러 갔던 뉴욕에서 사온 콜라병 모양의 소금통, 도쿄 스카이트리 주변 상점가에서 발견한 오뎅처럼 생긴 이쑤시개통 같은 것들이죠.

테이블 위에 놓는 소금통이나 이쑤시개통도 버섯같이 생긴 특이한 걸 사용하고 있어요. 음식 샘플 파는 가게에서 시즈오카 오뎅의 샘플을 사와서 그대로 이쑤시개통으로 사용하고 있죠. 손님들은 이런 아이템을 보면 "도대체 이건 어디에서 산 걸까?" 하고 궁금해하고 재미있어 해요.

이외에도 망가진 소형 냉장고를 의자로 사용하기도 하고, 벤치프레스를 의자 커버로 쓰기도 해요. 냉장고는 안에 물건을 넣을 수가 있잖아요. 그래서 "가방은 그 냉장고 안에 넣어주세요." 하면 다들 깜짝

돈 들이지 않아도
유머감각을 느낄 수 있는 가게를
연출할 수 있어.

놀라면서도 굉장히 재미있어하죠. 또 의자가 벤치프레스인 걸 눈치
챈 손님들은 "뭐야. 이거 벤치프레스 아냐?" 하면서 웃음을 터트린답
니다. 제가 말을 재미있게 잘하는 성격이 아니기 때문에, 대신 재미
있는 아이템을 가게 곳곳에 놓아두는 거죠.

　제 목표는 휴가도 즐기면서 100살까지 가게에 나와 일하는 거예
요. 100살이 되면 그때부터는 좀 여유롭게 살아가려고 생각하고 있어
요. 하하.

두 가지 메뉴로
서로의 마음을
나누는 가게

[모리](モーリ) 미야기 센다이/모리 슈헤이(毛利周平)
고향에서 가까운 센다이에 가게를 오픈. '간단하지만 손님이 좋아하는 요리'를 내걸고
슈, 슈, 슈, 슈헤이(酒, 主, 手, 周平)를 비롯해 센다이 시내에서 5개의 점포를 운영 중이다.

제 직업은 원래 바텐더였어요. 음악도 좋아해서 도쿄의 아오야마나 신주쿠 가부키초 클럽에서 일했죠. 톰 크루즈가 바텐더로 나온 영화 〈칵테일〉을 보고 바텐더의 세계를 동경하기 시작했어요.

하지만 바텐더라는 직업은 새벽 5시까지 일하고 첫차를 타고 집에 가는 직업이잖아요. 그래서 이 일을 계속하는 건 아무래도 힘들겠다고 생각했죠. 그러던 중에 라쿠 코퍼레이션에서 운영하는 가게로 술을 마시러 가게 된 거예요. 빌딩 뒤편에 있는 어두컴컴한 계단을 내려간 곳에 위치한 가게였는데, 문을 연 순간 저는 깜짝 놀랐어요. 평범한 가게 뒷문이었는데, 문을 여니까 순식간에 활기 넘치는 술집 풍경이 눈앞에 펼쳐지고, 오픈 키친에서 일하는 직원들이 우렁찬 목소

리로 "어서 오세요!" 하고 인사하는 거예요. 무엇보다 저는 그때까지 보이지 않는 주방에서 조리한 음식을 테이블에 가져다주는 술집밖에 본 적이 없었거든요. 손님들의 눈앞에서 음식을 만드는 가게가 있다는 사실만으로도 큰 충격이었어요.

제가 바텐더라는 직업을 좋아하게 된 이유는 카운터 너머로 손님들과 얘기를 나눌 수 있기 때문이었어요. 그런데 라쿠 코퍼레이션을 보고 바가 아니더라도 얼마든지 손님들과 얘기를 나눌 수 있다는 사실을 깨달았죠. 오픈 키친이라는 무대 위에서는 톰 크루즈처럼 멋져 보일 수도 있다는 사실을요. 하하. 실제로 그때 주방에서 일하던 직원들은 무대 위에 올라간 배우처럼 아주 멋져 보였어요.

그리고 또 한 가지. 주방의 직원들을 보고 라쿠 코퍼레이션이 다른 가게와 다르다고 느낀 점이 있어요. 모든 직원이 음식을 만들고 있다기보다 '팔고' 있는 것처럼 보였어요. 다들 "이거 정말 맛있어요."라든가 "이거 한번 먹어볼래요?"라면서 손님들에게 계속해서 말을 걸고 있었거든요. 이자카야가 그저 음식이나 술을 만들어 파는 곳이 아니라는 걸 깨닫고는 이 직업에 흥미가 생겼어요. 게다가 이자카야는 밤 12시 정도면 일이 끝나잖아요. 이건 정말 좋은 직업일지도 모르겠다는 생각이 들어서 라쿠 코퍼레이션 사무실에 바로 전화를 걸었어요.

라쿠 코퍼레이션에 들어가자마자 직원들의 식사 준비를 맡게 됐어요. 그런데 말이죠, 그 일이 제게는 굉장히 힘들었어요. 보통 메뉴들은 레시피가 있으니까 그걸 보고 만들면 되는데, 이건 아무것도 정해져 있지 않아요. 제가 상상력을 발휘해서 만들어야 하는 거죠. 그때 저는 간단한 안주 정도밖에는 만들 줄 몰랐어요. 요리를 못하니까 뭘 어떻게 하면 좋을지 매일매일 아이디어를 짜내느라 고생했어요. 게다가 짧은 시간 안에 만들어야 하니까 여러모로 정말 여유가 없었어요.

요리에 영 자신이 없던 저는 결국 맛보다는 직원 모두가 즐겁게 먹을 수 있는 음식을 만들기로 했죠. 테이블에 흰 종이를 깔고 그 위에 거대한 미키마우스 모양의 함박스테이크를 올려놓고 '미키 함박스테이크'라고 부르기도 했고, '이탈리안 함박스테이크'라면서 토마토와 화이트소스, 녹색채소를 얹어서 이탈리아 국기 모양으로 꾸민 함박스테이크를 내놓기도 했어요. 어떤 날은 바비큐를 테마로 방을 캠핑장 분위기로 꾸미고 고기를 꼬치에 꿰어서 내놓은 적도 있어요. BGM은 매일매일 그날의 테마에 맞는 곡을 골라서 틀었죠.

선배들에게 이게 뭐냐고 혼나기도 많이 혼났지만 결국에는 모두가 저를 '식사 준비 전문가'라고 부르게 됐어요. 하하. 물론 힘도 많이 들었지만, 그렇게 매일 이것저것 아이디어를 짜내던 경험이 독립해서 가게를 꾸려가는 데 도움이 되고 있다고 생각해요.

아버지가 제가 낸 아이디어를 '괜찮다'고 해줘서 기뻤던 기억도 있어요. 라쿠 코퍼레이션의 가게 중에 인테리어를 새로 하는 곳이 있었

"오늘 참 즐겁게 놀았어."
이건 손님이 해주는
최고의 칭찬이야.

는데, 그때 제 제안으로 가게 입구 근처에 작은 바를 만들었어요. 거기서 음료 담당 직원이 검은 셔츠에 검은 앞치마를 두르고, 마법사같이 챙이 높은 모자를 쓰고 일했어요. 이런 분위기를 연출하면 손님들은 왠지 술이 마시고 싶어지잖아요. 테킬라 한잔 하고 싶어지는 거죠. 반응이 괜찮아서 라쿠 코퍼레이션의 모든 점포에 같은 스타일의 직원을 두게 됐어요. 아버지는 괜찮다고 생각하는 아이디어가 있으면, 뭐든지 당장 실전에 적용하거든요.

아버지는 '맛'보다 '즐거움'을 중요하다고 생각하죠. 제가 제안한 드링크 바를 마음에 들어 했던 것도 즐겁다고 생각했기 때문일 거예요. 사람들은 대부분 음식점을 평가할 때 가장 중요한 건 음식의 맛이라고 생각하잖아요. 저도 마찬가지였어요. 밥을 먹으러 온 손님이 "오늘 참 신나게 놀았어."라고 말해주는 게 최고의 칭찬이라는 사고방식은 라쿠 코퍼레이션에 들어오기 전에는 상상도 못하던 거였죠.

라쿠 코퍼레이션은 신나고 즐거운 시간을 보내기 위해서 찾아오는 가게이기 때문에, 예약을 할 때도 "타로 씨 앞자리로 해주세요."라고 특정 직원을 지명하는 손님이 많아요. 그래서 자주 오던 손님이 제 앞자리로 예약해달라며 저를 처음으로 지명했을 때는 눈물이 날 정도로 기뻤죠. 제 서비스로 좋은 시간을 보내고 있다는 확실한 증거잖아요.

처음 얼마 동안은 독립해서 가게를 열고 싶다는 마음은 들지 않았어요. 하지만 함께 일하는 직원들은 모두 독립을 목표로 하고 있더군요. 같이 술을 마시면 가게를 더 좋게 만들 수 있는 방법에 대해 얘기를 시작하죠. 그러다 보면 자연스럽게 독립하면 나는 이런 가게를 하고 싶다는 대화로 이어져요. 그런 친구들과 함께 일하다 보니 저도 가게를 해보고 싶다는 마음이 들기 시작했죠.

라쿠 코퍼레이션은 도쿄를 근거지로 삼는 회사였기 때문에 독립해서 도쿄에서 가게를 하는 것도 생각해봤어요. 하지만 저는 고향이 센다이 근처라서 어렸을 때부터 센다이로 자주 놀러왔었고, 그러다 보니 다른 어느 곳보다 익숙하고 편하게 느껴졌어요. 센다이는 도쿄보다 집세가 저렴한데도 손님의 단가는 거의 비슷하죠. 그래서 센다이에 가게를 내기로 결정한 거예요.

처음에 가게를 열었던 곳은 센다이역에서 1km 정도 떨어진 곳이에요. 사무실이나 맨션이 들어서 있는 동네였어요. 저녁이 되면 퇴근한 사람들이 무리를 지어 센다이역을 향해서 걸어가는데 주변에 음식점이 전혀 없었어요. 바로 이 점이 이곳에 가게를 열게 된 결정적인 이유였죠. 하지만 제가 입주한 점포는 큰길에서 조금 떨어진 곳에 있었어요. 가게의 입구가 길에서는 전혀 보이지 않았죠.

그래서 가게 공사를 하는 동안, 매일매일 큰길에서 보이는 곳에 일부러 책상을 내놓았어요. 그 책상에서 인테리어 업체와 미팅도 하고 아르바이트생 면접도 봤죠. 지나가던 사람들이 "여기서 뭐하는 거예요?" 하고 물어볼 때마다 "이 안쪽에 술집을 오픈하거든요."라고 대답했어요. 매일매일 그렇게 반복하는 동안에, 얼굴을 익히고 인사를 주고받는 사람들도 생겨났어요. 가게를 열기도 전에 '손님'이 생긴 거죠.

사람들에게 알려주고 싶을 정도로 찾기 힘든 곳에 있는 가게, 아부리 시메사바처럼 개성 있는 메뉴가 있는 가게, 고객 서비스가 좋은 가게. 저는 라쿠 코퍼레이션에서 쌓은 경험을 바탕으로 이런 가게를 만들 수만 있다면 반드시 입소문이 퍼질 거라는 자신이 있었어요. 그리고 예상대로 장사가 잘돼서 순조롭게 세 번째 가게까지 오픈했는데, 그때 동일본대지진이 일어난 거죠.

지진이 일어난 직후 가게 안은 엉망진창이고 가족 친지들의 안부도 알 수 없었어요. 3일 동안은 정말 아무것도 할 수 없는 상태였죠. 하지만 우리 가게가 있는 지역은 가스는 계속 끊긴 상태였지만, 전기는 빨리 복구됐어요. 그래서 '뭐든 할 수 있는 일을 해보자.'는 각오로 센다이에 남아 있는 직원 둘과 함께 가게 한 곳에서 영업을 시작하기로 했어요.

준비할 수 있는 메뉴는 시장에서 사온 에다마메와 생선가게에서 사온 진공 포장된 이카메시(오징어 속을 쌀로 채운 일본식 오징어순대 – 편집자주), 그리고 가게에 남아 있던 생맥주가 전부였어요. 테이블 위에는 에다마메에 뿌릴 소금을 두 종류 놓아두었고요. 그것도 그냥 보통 소금하고 굵은 소금이었지 대단한 건 아니었어요.

　주변에서 힘든 일을 겪고 있는 와중에 이자카야 영업을 시작해도 되는지 고민도 많이 했어요. 그래서 밖의 간판은 켜지 않고 영업을 시작했죠. 가게 안의 불빛을 보고 찾아올 수도 있으니까요. 그랬더니 손님이 한 분 들어오셨어요. "에다마메 정도밖에 없는데 괜찮으세요?"라고 양해를 구했더니, 손님은 "괜찮아요. 술이 마시고 싶은 거니까." 하고 대답했죠. 그때 느꼈어요. 우리를 필요로 하는 사람이 있구나. 가게 영업을 다시 시작하기를 정말 잘했다고요.

　가게는 매일 손님들로 가득 찬답니다. 손님들 얼굴에는 미소가 떠올랐어요. 모두들 술 한 잔 걸치면서 다른 사람과 얘기를 나누고 싶었던 거예요. 아버지가 전화를 걸어서 안부를 묻기에 가게에서 일하고 있다고 대답했어요. "라쿠 코퍼레이션에서 배운 대로 콩을 삶고 맥주병 뚜껑을 따고 있을 뿐인데 손님이 굉장히 많이 와요."라고요. 수화기 너머의 아버지는 제 얘기를 듣고 깜짝 놀랐어요. "그건 네 가게가 평소에도 항상 웃음이 넘치고, 직원들이 활기차고 즐거운 가게이기 때문일 거야. 그래서 이렇게 힘든 때일수록 손님들이 더 찾아오는 거라고 생각해." 아버지는 이렇게 말해주었어요. 대지진은 제가 초심으로 돌아갈 수 있는 계기를 마련해주었죠.

무조건 손님들이
좋아하는 것만
고민하라

[만자이 프로듀스](萬菜プロデュース) 가나가와 요코스카 / 이시이 리코(石井利幸)
라쿠 코퍼레이션 1기 졸업생. 오래된 창고를 재활용하는 등 개성 넘치는 가게를 운영하고 있다.
환갑을 앞둔 지금도 혼자 운영하는 가게에서 일주일에 사흘은 손님을 맞고 있다.

저는 32살이 되던 해에 라쿠 코퍼레이션의 아버지를 찾아갔죠. 그러고는 가게를 하고 싶으니 취직을 시켜달라며 면접을 봤어요. 아버지라고 해도 저보다 몇 살 더 많은 정도였지만요. 평소에 라쿠 코퍼레이션에서 하고 있는 가게에 자주 갔었는데 분위기가 마음에 들었어요. 그래서 면접을 보러 간 거였는데, 그날 아버지가 가게 대여섯 곳에 데리고 가더군요. 그렇게 여러 가게들을 보여준 뒤에 "어때? 일할 의욕이 생기지?"라고 물었고요. 그래서 "네. 그렇습니다!"라고 힘차게 대답하고는 라쿠 코퍼레이션에 입사했죠. 하하.

저는 그때 텔레비전 광고를 제작하면서 요트 클럽을 경영하고 있었어요. 텔레비전 광고는 엄청나게 고생하면서 만들어도 그게 좋은 광고인지 나쁜 광고인지 알려면 반년에서 1년이라는 시간을 기다려야 해요. 판매량이 늘거나 인지도가 올라가는 결과가 나올 때까지 시간이 걸리니까요. 하지만 음식점은 그 자리에서 바로 손님의 반응을 알 수 있잖아요. 요리와 술이 맛있으면 그 자리에서 바로 웃어주죠. 그 점이 매력적이었어요.

당시 다른 직원들은 모두 10대거나 20대였는데 모두들 어찌나 말을 잘하는지. 하하. 라쿠 코퍼레이션은 젊은 여자들이 많이 찾는 술집이었어요. 직원들 거의 대부분이 남자니까 손님들에게 이것저것 말을 많이 걸었죠. 같이 온 친구가 화장실에 가서 잠시 자리를 비우면, 남은 한 명은 심심해지잖아요. 그럴 경우 자연스럽게 다가가서 말을 거는 거죠. 먼저 "직업이 뭐예요?" 하고 물어봐요. 손님이 "뭐 같은데요?"라고 되물으면 "음, 신사의 무녀?"처럼 절대 그럴 리 없는 의외의 직업을 말하는 거예요. 손님이 "아니에요."라고 웃어주면 "그럼, 지하철역 매점 판매원?"이라고 계속 대화를 이어가죠. 그러다 가끔 우연히 맞히기도 해요. 하하. 이런 얘기를 하고 있으면 손님과 거리가 좁혀지는 게 느껴지죠.

저는 하루라도 빨리 제 가게를 열고 싶었기 때문에, 라쿠 코퍼레이션에서는 반년 정도밖에 일하지 않았어요. 입사해서 바로 가게를 열 장소를 찾기 시작했죠. 요트를 타고 바다를 좋아하니까 바닷가에서 가까운 곳이 좋겠다고 생각하면서요. 그래서 결국 요코스카(요코하마 근처의 항구도시로 미해군 주둔지이기도 하다-편집자주)로 결정했어요. 1호점을 연 곳은 미군기지 근처의 도부이타 거리에 위치한 빌딩이었어요. 반지하에 있는 15평 정도 되는 가게였죠.

도부이타 거리는 미군기지에 출입하는 외국인을 대상으로 하는 바가 주르륵 늘어서 있는 곳이에요. 그런 곳을 제외하면 주변에서 찾아볼 수 있는 술집은 스나쿠(주로 여자 주인이 경영하는 규모가 작은 술집으로 이용 연령대가 높다-편집자주) 정도예요. 부동산중개인이 "정말 이런 곳에 가게를 낼 거예요?" 하고 깜짝 놀랐죠. 저는 바로 그런 곳이기 때문에 젊은 여자들이 즐겨 찾는 라쿠 코퍼레이션 스타일의 술집을 내면 재미있겠다고 생각했어요. 아버지에게 상의했더니 "월세도 싸잖아. 해봐." 라고 하더군요.

가게의 전체 골격은 라쿠 코퍼레이션을 그대로 따르고, 잘생긴 남자 직원들을 고용해서 활기찬 분위기로 손님을 대했어요. 그랬더니 딱히 광고를 한 것도 아닌데, 오픈 초기부터 손님이 몰려들었어요. 남자들이 그러더라고요. "그 가게에 가면 헌팅을 할 수 있어." 우리 가게는 의도했던 대로 여자 손님이 많았는데, 그때는 벤치처럼 긴 의자를 쓰고 있었어요. 손님이 많아지면 "오른쪽으로 15cm만 가주세요." 하고 부탁해서 간격을 좁혀서 앉게 했죠. 남자 손님 입장에서 보면 우리 가게는 '손님이 많아지면 여자랑 붙어서 앉게 해주는' 가게였던 거예요. 하하.

제가 독립해서 가게를 시작하고 2~3년쯤 지났을 때였어요. 어느 날 아버지가 전화를 해서는 인재 모집 포스터를 만들었으니까 좀 보러 오라는 거예요. 라쿠 코퍼레이션 가게가 있는 시모키타자와역 승강장 앞에 붙여놓았다고요. 도대체 뭐길래 날더러 보러 오라는 건지 궁금해서 시모키타자와로 찾아갔죠. 그런데 역에 내리니까 가로세로 길이가 1m도 넘는 큰 포스터가 턱 하니 붙어 있는 거예요. 그 포스터에 적힌 "남자라면 주인이 돼라!"는 문구가 눈에 와서 박혔어요. 그 옆에는 "테츠 짱도 해냈다. 요코스카의 이시이도, 요나코의 이케부치도 해냈다!"고 적혀 있었어요. 저를 포함해 모두 라쿠 코퍼레이션에서 독립한 동료들이었어요.

제 이름이 포스터에 들어가 있을 거라고는 꿈에도 생각 못했기 때문에 "뭐야! 멋있잖아!" 하는 생각에 너무 흥분해서 포스터를 떼어갈까도 생각했어요. 하하. 광고하는 데 돈도 꽤 들었을 텐데, 이런 일을 아무렇지도 않게 저질러버리는 게 아버지의 굉장한 부분이에요. 그 포스터를 보고 저도 더 노력해야겠다고 다짐했어요. 요코스카 시내에 컨셉이 다른 여러 가게를 오픈했죠.

지금은 우리 가게에서 일하던 녀석에게 가게를 물려줬지만, 오키나와를 테마로 한 가게도 있었어요. 찬장에 오키나와 특산품인 아와모리 소주를 진열해놓았죠. 카운터가 'ㄷ' 모양으로 생겨서 손님 테이

"일단 신나게 해보라."고
말해주고 싶어.
장사는 누군가를
즐겁게 하는 일이니까.

블에 음식이나 술을 내갈 때마다 카운터에서 나오는 게 꽤나 번거로
웠어요. 그래서 얼음이 든 잔을 카운터 너머로 손님에게 건네주고, 찬
장에 늘어서 있는 아와모리를 골라서 손님이 직접 잔에 따라 마시도
록 했어요. 원하는 종류를 원하는 양만큼 손님이 따르는 방식이었는
데, 눈치를 보면서 조금밖에 따르지 않는 손님도 있어서 손해는 안 봤
죠. 하하.

　수십 종류의 아와모리를 산지를 기준으로 오키나와 북쪽에서 남
쪽까지 순서대로 진열해놓았는데, 많은 손님들이 줄지어 늘어놓은 아
와모리를 처음부터 마지막까지 모두 마셔보겠다고 도전했죠. 그래서
작은 시사(악령을 물리친다는 오키나와의 전통 수호상. 사자처럼 생겼다 - 편집자주)
인형을 손님에게 주고 '여기까지 마셨다'는 표시를 할 수 있게 했어
요. 이런 작은 배려 하나가 얼마든지 손님들을 즐겁게 해줄 수 있답
니다.

　쇼와시대 초기(1930년경)에 지어진 집과 그 집에 연결된 창고를 활
용한 가게는 아버지가 꽤나 마음에 들어 하셨죠. 아버지는 괜찮다고
생각하는 가게가 있으면 라쿠 코퍼레이션의 직원이나 졸업생에게 가
보라고 알려주거든요. 그래서 많은 분들이 찾아주셨어요. 집과 창고
를 연결하는 긴 복도도 있고, 여러 면에서 건물 자체가 특이한 구조
로 되어 있어요. 그래서 다락방에 있던 빗자루도 치우지 않고 그대로
놓아두면서 일부러 오래된 느낌을 살렸어요.

좋아하는 블루스 음악을 틀어놓기도 하고 가끔 라이브 연주도 하는데, 손님이 현대적인 느낌과 오래된 건물 사이의 갭을 즐길 수 있도록 신경 쓰고 있죠. 100평이 넘는 넓은 가게라서 주방에서 멀리 떨어져 있는 객실에서 노미호다이(시간제한으로 주류와 음료가 무제한으로 제공되는 메뉴-편집자주) 모임이 있을 때는, 객실에 있는 냉장고에 병맥주, 소주, 일본 술, 위스키, 와인, 칵테일 재료 등을 잔뜩 넣어두고 손님들이 마음대로 마실 수 있게 해요. 일손이 딸려서 취한 방법이지만, 이렇게 하면 손님들은 오히려 좋아하죠.

요코스카에는 가게를 4개 열었는데, 그중 한 곳은 제가 혼자서 일주일에 사흘만 영업하는 가게예요. 매우 오래된 빌딩에 있는 가게인데 원래는 스나쿠였던 곳을 개조했어요. 라이브 공연을 열기도 하죠. 저도 블루스 밴드를 하고 있어서 가끔 그곳에서 연주를 해요. 가게 이름은 '브라이언'. 유명 록밴드의 기타리스트 이름에서 따온 거예요. 롤링 스톤스의 브라이언 존스나, 스트레이 캣츠의 기타리스트 브라이언 세처 같은.

환갑의 나이에도 아직도 가게에 나가 현역으로 일하고 있는 이유는 현장을 떠나는 게 섭섭하기 때문이에요. 오늘은 오이 값이 얼마일까? 요즘은 어떤 술이 인기가 있고 음식은 어떤 게 유행하고 있을까? 가게에 나가면 이렇게 많은 정보를 얻을 수 있어요. 우리가 살고 있는 '지금'을 알려주는 이런 정보는 사무실에 앉아서 가게를 경영하는 사람들은 절대 알 수 없는 것들이죠.

아무래도 가게를 혼자서 꾸려나가다 보니 술은 병맥주가 유일한 메뉴예요. 이 가게는 나이가 많은 멋있는 손님들이 많이 찾아주는데, 제가 카운터에 서 있으면 "마스터는 안 마셔?" 하고 물어봐요. 제가 "아, 죄송합니다."라고 말하면서 술잔을 내밀면 손님이 맥주를 따라 주죠. 이 가게에서는 손님이 주인한테 술을 사주는 거예요. 하하. 저는 이런 분위기가 좋아요.

브라이언은 바라고 할 수 있지만 마른안주 외에 요리 메뉴도 갖추고 있어요. 생선회나 조림요리, 볶음밥도 주문할 수 있죠. 저는 이자카야 메뉴들을 아주 좋아하거든요. 항상 라이브 공연을 하는 건 아니니 라이브가 없을 때는 마른안주만으로 술을 마시기에 너무 허전하잖아요. 하지만 매일 가게 문을 여는 건 역시 체력적으로 무리가 있어요. 그래서 제 건강을 고려해서 일주일에 사흘만 영업하기로 했죠. 가게가 쉬는 날에는 제가 좋아하는 일을 하면서 지내요. 굉장히 싸게 구입한 콘트라베이스를 고치면서 시간을 보내곤 한답니다.

지금까지 우리 가게에서도 10명 정도의 직원이 독립해서 가게를 시작했어요. 아버지의 '손자' 같은 사람들이죠. 모두가 라쿠 코퍼레이션의 이념을 이어받은 셈이에요. 물론 저도 독립을 앞둔 직원들에게는 "일단 신나게 해보라."고 얘기해주고 있어요.

'당연한' 일을
철저하게 할 때
손님들은 기뻐한다

[피엠플랜](ピーエムプラン) **도쿄 시부야/가츠세 데츠시**(勝瀬哲史)

회사를 그만두고 라쿠 코퍼레이션에 입사. 시부야의 한적한 뒷골목에
10평 정도 되는 가게 피망(P/man)을 오픈. 현재 성황리에 영업 중이다.

저는 대학을 졸업하고 대기업에서 직장생활을 하고 있었어요. 그
렇게 3년 정도 지내던 어느 날, 라쿠 코퍼레이션의 가게에 가게 됐죠.
그때 저는 매일 녹초가 될 때까지 일을 했는데, 가게에서 본 제 나이
또래의 직원들은 모두 행복해 보이는 얼굴로 의욕적으로 일하고 있더
라고요. 같은 시간을 살고 있는데도 이렇게 다를 수 있다니, 순간 충
격을 받았죠. 그 일을 계기로 저는 직장을 라쿠 코퍼레이션으로 옮겼
어요. 큰 회사에서 일하면 생활도 안정적이고 부모님도 안심하겠죠.
하지만 한 번뿐인 인생이라면 자기가 좋아하는 일을 하면서 살아가는
것도 효도라고 생각해요.

그런데 라쿠 코퍼레이션에 입사해서도 웃고 지낼 수만은 없었어

요. 가게는 매일 손님으로 넘쳐났고 재빨리 일을 처리하지 않으면 안 됐거든요. 일을 시작한 지 얼마 되지 않아서 다른 직원들의 속도를 따라가기가 너무 힘들었어요. 겨우겨우 일하고 있었기 때문에 손님에게 "어서 오세요!" "감사합니다. 또 오세요!"라고 인사할 여유 같은 것도 없었죠. 솔직히 그때는 정말 죽을 거 같았어요. 하하.

그래서 입사하고 한 달 정도 지났을 때 그만두려고 했어요. 그때는 부모님 댁에서 나와서 혼자 살고 있었는데, 부모님을 찾아가 그만두고 싶다고 얘기했죠. 그랬더니 어머니께서 "이번 달 말일까지는 근무 일정이 정해져 있잖아. 오늘 갑자기 그만둔다고 얘기하면 많은 사람에게 폐를 끼치게 되니까 정해진 일정이 끝나면 그만두거라." 하시는 거예요. 그래서 월말까지만 근무하기로 마음먹고 다음날 가게에 갔는데, 세상에 제 이름이 새겨진 부엌칼이 있더라고요. 저는 음식점에서 일한 경험이 없었기 때문에 조리 도구는 하나도 가지고 있지 않았어요. 그런 저를 위해서 준비해준 칼이었던 거예요. 게다가 명함까지 나와버려서 도저히 그만두겠다고 말할 수 없는 상황이 돼버렸어요. 하하. 이왕 이렇게 된 거 마음을 다잡고 열심히 노력했죠.

라쿠 코퍼레이션에 입사하고 나서 처음으로 만족감을 느꼈을 때는, 오픈 키친에서 제가 만든 디저트를 손님이 맛있게 드셨을 때예요. 그 손님이 가게를 다시 찾아주셔서 더 기뻤죠. 더욱 노력해야겠다는 의욕이 생겼어요. 그때 처음으로 '나도 할 수 있다.'고 생각했어요.

저는 말주변이 없는 편이라 손님을 대하는 일에 부담을 느꼈어요. 하지만 라쿠 코퍼레이션의 메뉴는 말주변이 없는 저라도 손님과 대화를 할 수 있도록 고안돼 있었어요. 인기 메뉴 중에 무를 20cm 정도 두께로 크게 잘라서 만든 오뎅이 있었는데, 사이즈가 너무 커서 대부분 다 먹기 전에 식어버려요. 그래서 자연스럽게 손님에게 "다시 데워드릴까요?" 하고 말을 걸 수 있죠. 그리고 다시 데운 뒤에는 새 접시에 담아서 "먹기 좋은 크기로 잘라봤어요." 하며 손님에게 내놓는 거예요. 재미있는 말을 하지 못해도 손님들은 분명히 친절한 직원이라고 기억해주겠죠.

아부리 시메사바도 손님과 얘기를 나눌 수 있게 하는 메뉴예요. 레몬을 곁들여서 내가는데, 시메사바의 표면을 버너로 그을리는 퍼포먼스가 끝난 후에는 "레몬즙을 뿌려서 드시면 더 맛있어진답니다."라고 자연스럽게 손님에게 말을 걸 수 있어요. 스튜의 경우에는 일부러 빵을 조금만 주고 손님에게 "모자라면 말씀하세요." 하고 말하곤 했죠.

새로운 고객 서비스를 생각해내지 못해도 괜찮아요. 평범한 말 한마디로도 얼마든지 손님을 기쁘게 할 수 있거든요. 저같이 말주변이 없는 사람도 자연스럽게 얘기할 수 있는 걸요. 이런 대화를 통해서 손님과의 거리도 좁힐 수 있어요. 물론 유명 체인점 중에도 고객 서비스를 중요하게 생각하는 곳이 있어요. 우리처럼 손님과의 커뮤니케이션에 신경을 쓰는데, 대부분의 가게가 그저 매뉴얼에 적힌 문장을 앵

평범한 말 한마디로도
얼마든지 손님을
감동시킬 수 있어.

무새처럼 읽고 있는 느낌이랄까요. 라쿠 코퍼레이션의 고객 서비스는 그런 가게와는 차원이 달라요. 손님들도 그 차이를 확연히 느낄 수 있을 거예요.

라쿠 코퍼레이션에서는 이제 막 일을 시작한 아르바이트생에게도 능동적으로 고객을 대하도록 가르치고 있어요. 경험이 없어도 손님들과 얘기는 나눌 수 있으니까요. 아르바이트생들에게는 아부리 시메사바처럼 특징 있는 메뉴를 활용한 대화법 외에도, "식기 전에 드세요." 나 "접시가 뜨거우니 조심하세요." 같은, 손님에게 할 수 있는 간단한 말들을 가르쳐요. 접시를 치울 때는 그 테이블뿐 아니라 주변 테이블도 눈여겨보고, 혹시 빈 잔이 보이면 "술 주문하시겠어요?"하고 물어보도록 배웠어요. 손님을 배려할 수 있고 동시에 일의 능률도 올라가죠.

음식점이라는 건 사람들의 눈을 의식해야 하는 장사잖아요. 그래서 아버지는 언제나 멋지게 차려입고 있어요. 그런 아버지를 보면서 저도 사람들에게 '멋지게' 보이는 걸 의식하게 됐죠. 하하. 아버지는 사람들에게 옷을 잘 입는다는 칭찬을 받으면 "이거 유니클로야."라고 대답하는데, 얼굴은 이미 뿌듯한 표정을 짓고 있어요. 비싼 옷이 좋아 보이는 건 당연하지만, 싼 옷이라도 얼마든지 사람들의 시선을 끌 수 있으니까요.

한 번은 아버지가 어떤 결혼식에 왔는데, 정장 포켓에 파란색 포켓치프를 꼽고 있더라고요. 멋있다고 칭찬을 했더니 씨익 웃으면서 "이거 유니클로에서 파는 양말이야. 한 짝에 구멍이 나버려서 남은 한 짝을 포켓치프로 만들었지." 하는 거예요. 이렇게 돈 들이지 않고 패션을 연출할 줄 아는 센스야말로 진짜 패션이죠. 이런 센스는 가게 운영에서도 빛을 발해요.

제가 라쿠 코퍼레이션에서 독립한 건 35살 때였어요. 가게는 시부야역에서 도보 5분 거리였는데, 사람들이 잘 다니지 않는 뒷골목에 있어서 다들 "이런 곳에도 가게가 있네?"라고 생각하는 곳이었어요. 저는 가게에 한번 와보면 주변 사람들에게 얘기하고 싶어지는 가게를 만들기 위해 노력했어요. 창밖으로 강이 보여서 다락방 분위기가 나는 로프트도 만들었죠.

가게 인테리어를 구상할 때 그리던 이미지는 직장상사가 부하직원을 데리고 "한 잔 더 할까?"라면서 마음 편하게 들어갈 수 있는 가게였어요. 상사도 부하직원한테는 멋지게 보이고 싶잖아요. 이왕 사는 술이라면 부하직원에게 "부장님, 이런 가게도 알고 계셨어요?"라는 감탄의 한마디를 들을 수 있는 가게에서 마시고 싶지 않겠어요?

이자카야는 **딱딱한 격식을 따지는 곳이 아니에요. 술을 마시면서 편안하게 즐길 수 있는 공간이죠. 저는 손님들이 즐길 수 있는 가게를 만드는 게 중요하다고 생각해요. 이건 라쿠 코퍼레이션이 중요하게 여기는 경영철학이고, 거기서 일하던 우리에게도 자연스럽게 전해졌죠.**

이자카야는 2개에 100엔짜리 두부를 사다가 손님에게 서너 배의 돈을 받고 팔 수 있어요. 하지만 손님들을 만족시키기 위해서는 가게 문을 열기 전에 준비해놓은 말라버린 생강이 아니라, 방금 갈아낸 생강을 곁들여내는 게 중요해요. 맥주도 차갑게 해야 하죠. 쉽게 할 수 있는 일이고 또 당연한 일이지만, 손님이 만족을 느끼는 중요한 포인트가 되니까요. 이런 당연한 일들의 중요성을 라쿠 코퍼레이션에서 배웠어요. 제가 하고 있는 가게는 어려운 요리라고는 찾아볼 수 없는 평범한 이자카야예요. 하지만 "어이! 나 또 왔어." 하고 인사하면서 들어오는 손님들이 있어요. 장사를 하면서 제가 무엇보다 기쁨을 느끼는 부분이에요.

보통 독립을 하고 나면, 결정하기 힘든 일이나 걱정거리가 생겨도 상담할 사람이 없어요. 하지만 라쿠 코퍼레이션에는 비슷비슷한 가게를 하고 있는 친구들이 많이 있죠. 결혼식 같은 자리에서 만나면 그 친구들이 지금 생각하는 것들을 들려주고, 지금 제 가게의 장점과 단점 같은 것도 전부 가르쳐줘요. 이런 네트워크의 도움을 많이 받고 있답니다.

PART 7

전문가가
아니어도
전문가를
이길 수 있다

장사의 신과 그의 제자가 말하는 좋은 가게의 비밀

장사는
책에서 배우는 게
아니다

졸업생 대표 이와사와 히로시(岩澤博)

1961년 도쿄 출생. 주식회사 베이식스(BASICS) 사장. 27살에 근무하던 의류회사를 그만두고 라쿠 코퍼레이션의 문을 두드렸다. 입사 5년 뒤인 1993년, 도쿄 니시오기쿠보에 데얀데이 1호점을 오픈. 이후 니시아자부, 롯폰기, 시부야, 키치죠지 등 도쿄의 인기 지역에서 데얀데이를 비롯해 죠몬 등 7개의 가게를 운영 중이다(2013년 가을 기준).

우노 다카시 요식업계는 말이지, 매년 엄청난 수의 가게가 새로 생겨나고 또 그만큼 많은 가게가 망해서 사라지고 있어. 그런데 나는 이 가게들이 도대체 왜 망하는 건지 이해할 수가 없어. 생각해봐. 슈퍼마켓에서 1개에 100엔을 주고 산 토마토를 50m 떨어진 가게로 가져가서 시원해질 때까지 냉장고에 넣어뒀다가 썰어서 내기만 하면 300엔에 팔 수 있는 장사잖아. 원가보다 비싸게 파는데 망할 리가 없지.

　음식점을 경영하는 노하우가 실린 책을 보면서 원가율이나 월세 비율 같은 것만 고민하고 있다면, 그런 사람은 가게를 하지 않는 편이 좋다고 생각해. 한마디로 말해서 그런 사람은 장사에 재능이 없거든. 골프만 봐도 책으로 공부해서 실력이 느는 사람은 한 사람도 없잖아?

이와사와 히로시 최근에는 요식업계가 기업화되고 있잖아요. 음식점 경영에서 중요하게 생각하는 통계자료 중에 FL 코스트 비율이라는 게 있는데, 저는 20년 이상 가게를 해오고 있지만 얼마 전까지만 해도 FL이 뭔지 전혀 모르고 있었어요. 들어본 적도 없었죠. (웃음) 하지만 그런 단어를 몰라도 제 가게는 문제없이 번창해왔어요. 잘되는 가게를 만드는 데는 그런 '기업 용어'보다 중요한 게 있다고 생각해요.

우노 다카시 많은 수의 점포를 경영해서 큰 규모의 기업으로 만들고 싶은 사람이 있다면, 그렇게 하면 되는 거야. 그 사람은 사업 규모를 키우는 데 재미를 느끼겠지. 물론 기업화는 많은 이점도 가지고 있어. 하지만 나는 그런 쪽에는 전혀 흥미가 없어. 재능도 없지만 말이야. (웃음) 기업화되는 가게가 늘어나는 건 참 반가운 일이야. 왜냐하면 그런 가게는 우리가 이길 수 있거든. 우리가 하는 일은 매우 간단해. 계산기 두들겨가면서 원가율 맞추고 메뉴를 구성하는 건 생각해본 적도 없어. 하지만 어제보다 오늘 손님이 많은 게 기쁘고, 내일은 오늘보다 더 많은 손님이 찾아오게 하기 위해 어떻게 해야 좋을지 고민하고 있어. 언제나 가게에 대해서 생각하는 거지.

메뉴나 손님 접대에 관한 새로운 아이디어가 떠오르면, 우선 한 점포에서 적용해보고 반응이 좋으면 다른 점포에서도 실시하도록 하고 있어. 나는 이런 게 하나하나 쌓여서 우리의 '승리'를 만들어낸다고 믿어.

이와사와 히로시 점포를 늘릴 때도 철저하게 계획을 세우고 진행하지 않잖아요. 아버지와 한잔하고 술에 취해서 거리를 걷다가 우연히 비어 있는 점포가 눈에 들어오면 "여기서 가게를 하면 장사가 잘될 거 같아?" 하고 물어보시죠. "잘되지 않을까요?"라고 대답하면 "좋아. 그럼 한번 해볼까!" 하는 식이죠.

우노 다카시 우리 회사는 음식점을 20곳 정도 운영하고 있는데, 역시 손님이 많고 적고는 점장에게 달려 있어. 점장이 '승리'에 대해 어떻게 생각하는지가 성공을 결정하지. 장사가 잘되는 가게에 전화를 걸면 직원들이 전부 점장과 같은 목소리톤으로 전화를 받아.

이와사와 히로시 맞아요. 점장하고 목소리까지 비슷해지죠. "점장이야?" 하고 물어보면 "아니요. 저는 직원이에요. 지금 바꿔드릴게요." 라고 대답하더군요. (웃음)

우노 다카시 '승리'를 의식하고 있는 점장은 강한 파워를 뿜어내지. 그래서 기운 없는 목소리로 전화를 받는 가게는 이미 승부에서 졌다고 할 수 있어. 그런 가게를 보면 곧 망하겠다는 예감이 들지. 라쿠 코퍼레이션에서는 하고 싶다고 지원하는 녀석들에게 점장을 맡기는데, 물론 그중에는 잘못된 행동을 하는 녀석도 있어. 장보기나 음식 준비, 청소까지 모든 일을 직원들에게 맡기고, 자기는 느지막이 가게에 나와서 그날의 추천메뉴만 쓰는 거야. 점장의 업무를 단단히 착각하고 있는 거지. 독립해서 자신의 가게를 갖게 되면 하나부터 열까지 모든 걸 스스로 해야 해. 게으름 피우고 일하지 않던 녀석들은 독립하더라도 결국 가게 문을 닫게 되는 경우가 많아.

라쿠 코퍼레이션의 귀중한 자산은 자네 같은 선배들이야. 자네는 지금 롯폰기나 시부야 같은 번화가에 가게를 가지고 있고, 장사도 굉장히 잘되잖아. 그렇게 번 돈으로 좋은 집을 짓고 멋진 차도 몰고 다니지. 우리 가게 직원들은 자네를 보면서 자신들도 노력하면 얼마든지 성공할 수 있다는 사실을 깨닫게 되는 거야. 그렇지 않겠어? 자네도 옛날에는 슈퍼커브(혼다에서 출시된 비즈니스용 모터사이클 – 편집자주)를 타고 장을 보러 다녔으니까 말이야. (웃음)

일류 기업에 들어가더라도 그 회사의 사장이 될 수 있는 사람은 몇만 분의 일에 지나지 않아. 하지만 우리 가게에서 일하는 녀석들은 노력하면 누구나 자네처럼 될 수 있지. 자네는 지금 일하고 있는 가게에서부터 시작해서 돈을 모아 성공한 사람이니까. 직원들이 꿈을 갖게 하는 일은 매우 중요하다고 생각해.

이와사 히로시 저도 라쿠 코퍼레이션에서 일할 때, 아버지가 야츠가타케(나가노 현과 야마나시 현 사이에 위치한 산악지대 – 편집자주)에 눈이 휘둥그레질 정도의 대저택을 짓거나, 캐나다 밴쿠버에서 사는 걸 보면서 나도 저렇게 되고 싶다고 생각했어요. 지금 이렇게 남부럽지 않은 부유한 삶을 사는 아버지도 혼자 가게를 꾸려가던 시절이 있었다는 걸 우리는 알고 있었죠. 아버지는 우리의 롤모델이에요. 사실 저도 일부러 포르셰를 사기도 했어요. 그리고 가게 직원들에게 너희도 타보라고 말해줬죠. 저를 롤모델로 생각해주기를 바랐으니까요. 이런 얘기를 들으면 왠지 가슴이 두근거리지 않아요?

우노 다카시 독립해서 가게를 열자마자 높은 매출을 올리는 녀석이 있으면, 주변에서도 그 녀석을 보면서 '나도 할 수 있지 않을까?' 하고 생각하게 되지. 자기 가게를 가지면 사람은 모두 변해. "우리 가게에서 일할 때는 왜 그렇게 하지 않은 거야?"라고 물어보고 싶을 정도로. 음식을 만들 때도, 서비스를 할 때도 완전히 다른 사람처럼 보여. 같은 사람이라는 게 믿어지지 않을 때도 있는 걸. (웃음) 얼마 전까지 함께 일하면서 밥도 같이 먹던 사람이 그렇게 변하는 모습을 보면, 다음 녀석들도 자기도 얼마든지 변할 수 있다는 걸 알게 되는 거야.

나는 '첫 번째' 손님이다

이와사와 히로시 처음 가게를 오픈한 곳은 니시오기쿠보였어요. 역에서 좀 떨어진 곳에 있는 빌딩 지하였는데, 초기에는 손님이 전혀 오지 않았죠. 그래서 역에서 전단지를 돌리기도 했는데, 그러던 어느 날 문득 깨달았어요. 우리는 손님을 불러 모으는 것만 생각하는데, 사실은 손님이 오는 것보다 어떤 기분으로 돌아가는지가 훨씬 더 중요하다는 사실을요. 아무리 손님을 열심히 불러 모아도 그 손님이 다음에 또 와주지 않는다면, 계속해서 새로운 손님을 개척해야 하잖아요. 손님이 기분 좋게 가게를 나서게 만들면, 그 손님은 가게를 다시 찾아오죠.

예전에 아버지가 해준 얘기가 있어요. 한 젊은 여자 손님이 가게를 나가려고 문을 여는 순간, 아버지가 "미치코!"라고 이름을 부르면서 카운터에서 귤을 하나 던졌어요. 여자 분이 멋지게 귤을 받아내자 가게 안에 있던 손님들이 입을 모아 "나이스 캐치!"라고 외쳤고, 여자 손님뿐 아니라 가게 안의 손님들이 다 같이 웃음을 터트렸다는 얘기요. 이런 즐거운 경험을 한 손님이라면 당연히 이 가게에 또 오고 싶다고 생각할 거예요. "오늘 즐거웠어요. 다음에 또 올게요." 하면서 돌아가겠죠.

손님을 즐겁게 해주려면 항상 손님 입장에서 생각하는 게 중요해요. 저는 가게를 판단할 때, 그 가게에서 직접 식사하고 취할 때까지 술을 마신 다음 제가 먹고 마신 음식값을 계산하고 돌아와요. 그렇지 않으면 손님들이 가게에 대해 어떻게 느끼는지 알 수가 없거든요.

우노 다카시 스스로가 자기 가게의 '첫 번째 손님'인 거야. 직원의 서비스가 마음에 안 들면 손님들도 그럴 거고, 반대로 좋은 서비스라고 느끼면 손님들도 분명 즐거워하지 않겠어? 음식 맛도 마찬가지야. 가게에 언제나 '내'가 손님으로 앉아 있다고 생각해야 해.

라쿠고로 유명한 사람이 있었는데 말이야, 어느 날 "당신은 누구를 대상으로 라쿠고를 하고 있습니까?"라는 질문을 받고는 "이봐, 객석에 내가 있잖아. 저 녀석을 더 이상 감동시킬 수 없다면, 나는 라쿠고를 그만둘 걸세."라고 대답했다는 일화가 있어. 가게도 이와 다르지 않지.

이와사와 히로시 제가 라쿠 코퍼레이션에서 일할 때는 남에게 보이는 '겉모습'에 상당히 집착했어요. (웃음) 그럴 수밖에 없었던 게 의류 관련 일만 해와서 음식점에서 일한 경험이 전무한 상태였는데, 갑자기 오픈 키친에 서게 됐으니까요. 그것도 정신없이 바쁜 오픈 키친에 말이죠. 그때 가게에는 음식을 접시에 담을 때 사용하는 끝이 뾰족한 금속제 젓가락이 있었어요. 아버지는 손님들이 보는 앞에서 보기 좋게 음식을 접시에 담고 나서, 마지막으로 그 젓가락을 도마에 푹하고 꽂아놓은 뒤에 손님들에게 음식을 내놓았어요. 그 동작이 얼마나 멋있어 보였는지 몰라요. 직원 모두가 아버지를 따라 했을 만큼요.

선배들은 손님과 얘기를 나누면서 밑을 보지 않고도 능숙하게 칼질을 했어요. 그것도 정말 멋있었어요. 하지만 일을 막 시작한 내가 그런 흉내를 내다가는 틀림없이 손가락을 썰어버릴 거 같아서 엄두가 나지 않았어요. 그래서 손님한테는 칼이 안 보이게 가려놓고 써는 소리만 냈어요. '통통통' 하고 말이죠. (웃음) 프라이팬이나 중국 냄비도 능숙하게 사용하고 싶어서, 프라이팬에 쌀을 넣고 한 톨도 떨어트리지 않고 흔들 수 있을 때까지 열심히 연습했고요.

우노 다카시 내가 아직 내 가게를 내기 전, 회사가 밀집한 신바시에 있는 음식점에서 일할 때의 일이야. 근처에 라면을 파는 노점상이 10곳 정도 있어서 가게 일이 끝나면 먹으러 가곤 했어. 그런데 나중에 보니 한 군데만 가게 되더라고. 내가 왜 매번 그 가게에 가는지 곰곰이 생각해봤더니, 아저씨가 파를 다지는 모습이 떠오르더군. 그 아저씨는 라면을 내놓기 전에, 대파에 가로로 칼집을 넣어서 왼손에 들고 라면 그릇 위에서 칼로 샥샥 잘라주거든. 그러고 나서 마지막으로 유자를 한 조각 잘라 넣으면 완성. 뭔가 프로의 느낌이 나면서 굉장히 멋지지 않아? 그런데 말이야, 그 정도는 나도 흉내 낼 수 있겠다는 생각이 들었어. 파를 자르는 거라면 30분만 연습해도 충분히 할 거 같았거든.

이와사와 히로시 꼬치구이를 만들 때도 소금을 뿌리는 움직임 하나로 얼마든지 손님들에게 좋은 인상을 줄 수 있어요. 우리는 진정한 '궁극의 아마추어'니까요. 당시 직원들 사이에서 아버지는 사실 음식을 할 줄 모른다는 '괴담'이 돌고 있을 정도였죠. (웃음) 가게가 한창 바쁠 때 아버지가 도와주겠다고 해서 껍질이 붙어 있는 굴을 손질해달라고 맡겼더니, 한참 동안 굴을 붙잡고 악전고투하다가 결국 어디론가 사라져버렸다는 얘기도 있어요. (웃음)

이와사와 히로시가 경영하는
꼬치구이 전문점 죠몬 시부야점에서
얘기를 나누는 두 사람.

우노 다카시 하지만 음식을 먹음직스럽게 담았는지 아닌지 정도는 알 수 있다고. 어떻게 담으면 안 되는지도 말이야. (웃음)

이와사와 히로시 아마추어의 눈으로도 무엇이 좋고 나쁜지는 충분히 판단할 수 있어요. 그래서 저는 조리사 면허 같은 건 의미가 없다고 생각해요.

우노 다카시 나는 자격증을 하나도 가지고 있지 않아. 나는 말이야, 손님에게 음식을 내놓았을 때 "지금까지 요리를 열심히 공부하셨겠네요?"라는 질문을 받으면 "아니요. 저는 조리사 면허가 없답니다." 하고 대답하는 가게가 멋진 가게라고 생각하거든.

이와사와 히로시 바로 그거예요! 스키장에서 설원을 가르며 능숙하게 스키를 타는 사람에게 "굉장하네요. 스키 몇 급이세요?" 하고 물어봤을 때, "급수 같은 게 있을 리 없잖아요."라고 대답하는 사람이 더 멋있어 보이잖아요. 같은 이치인 거죠.

우노 다카시 나는 가게의 메인 메뉴를 자꾸 바꾸는 걸 좋아하지 않아. 물론 우리 가게도 서브 메뉴는 조금씩 변화를 주고 있어. 하지만 메인 메뉴를 자주 바꾸는 건 문제가 있지. 아무리 요리를 못하는 사람이라도, 달걀말이를 하루도 빠지지 않고 한 달 동안 연습하면 누구라도 맛있는 달걀말이를 만들 수 있다고.

　비밀 레시피 같은 거 없어도 괜찮아. 옛날에 할머니가 만들어주시던 달걀말이를 떠올리며 열심히 노력하면, 요리 실력은 분명히 늘게 돼 있거든. "자, 지금부터 달걀말이 3인분을 만들 건데, 드실 분 계세요?" 하고 물어보면 안 먹겠다는 손님은 한 명도 없을걸? 게다가 달걀말이를 빨리 뚝딱 만들어내면 손님들은 "와! 잘하는데!" 하고 감탄하기까지 하지.

생각해보면 요리가 서툴다는 건 우리 가게에서 일하는 녀석들에게는 굉장한 장점이 될 수 있어. 프로 요리사는 요리를 잘하기 때문에 수준 높은 맛있는 요리를 만들기 위해서 수없이 고민하고 방법을 생각하잖아. 하지만 우리는 그게 처음부터 불가능하다는 걸 알기에 프로 요리사의 음식에 대항할 다른 방법을 열심히 궁리하게 되는 거야.

우리 가게에서 독립한 녀석 중에 카운터 테이블 앞에 이로리(바닥에 설치된 화로. 일본 가옥의 전통적인 난방장치−편집자주)를 설치하고, 그 이로리에서 생선을 구워 파는 녀석이 있어. 이런 연출도 프로 요리사와 경쟁하기 위한 하나의 방법이지. 불가능하다는 사실을 깨닫는 건 굉장히 중요해. 어떻게 하면 프로 요리사를 이길 수 있을지 그 방법을 생각하는 게 바로 자기 자신의 성장으로 이어지기 때문이야. 그것도 가능하면 최소한의 노력으로 이길 수 있는 방법을. (웃음)

이와사와 히로시 그래서 라쿠 코퍼레이션에는 옛날부터 '못난이 문어회' 같은 메뉴가 있잖아요. 전문 요리사처럼 보기 좋게 자를 수 없어서 태어난 메뉴지만, 나름대로 손님에게 어필할 수 있는 부분이 있죠.

우노 다카시 우리가 아무리 머리를 쥐어짜도 요리를 20년 동안 만들어온 사람들을 이길 수는 없으니까.

이와사와 히로시 요리사들은 처음 우려낸 국물과 두 번째 우려낸 국물을 구분하면서 요리에 사용할 국물을 직접 만들잖아요. 하지만 우리는 맛을 낼 수 있는 조미료만으로도 충분해요. 문제는 그 뒤예요. 그렇게 만든 음식을 어떻게 포장해서 메뉴로 만들어내는지가 중요하니까요.

언젠가 라쿠 코퍼레이션에 요리사 출신 직원이 들어온 적이 있어요. 요리에 쓸 국물을 만들라고 했더니, 국물을 우려낼 가다랑어포부터 준비하기 시작하는 거예요. 제가 그렇게 하면 안 된다고, 우리 가게에서는 뜨거운 물에 조미료를 넣기만 하면 된다고 얘기했더니 바로 그 자리에서 그만두겠다고 하더군요. 그 사람은 요리사로서 자기 나름대로의 신념이 있었고, 그 신념이 우리 세계와는 맞지 않았던 거예요. 우리는 우리의 방식으로 아무 문제 없이 돈을 벌고 있어요. 물론 어느 쪽이 좋다고 단정 지을 수는 없지만, 편하게 돈을 벌 수 있다면 나쁘지 않잖아요. (웃음)

'작심삼일'도 나쁘지 않다

우노 다카시 하지만 편한 것만 생각하면 안 된다는 걸 절감한 적이 있어. 자네가 가게에 아와모리 단지를 늘어놓은 걸 보고 좋은 아이디어라고 생각했지. 자네가 직접 오키나와에 가서 발품을 팔면서 찾아온 아와모리였는데, 내가 그 거래처를 알려달라고 하니까 안 된다고 거절했거든.

이와사와 히로시 당연하잖아요. 라쿠 코페레이션이 아와모리를 팔기 시작하면, 오히려 우리 가게가 따라 했다는 소리를 들을 테니까요.

우노 다카시 지금까지 한 번도 다른 사람에게 그런 부탁을 한 적이 없는데, 그때는 별생각 없이 부탁을 해버렸지. 거래처를 가르쳐주지 않아서 화가 나긴 했는데, 사흘 정도 지나니까 자네를 이해하게 됐어. 힘들게 아이디어를 짜고 고생해서 알아낸 거래처잖아. 알려주지 않는 게 당연해. 그 일을 겪고 나서 다시 한 번 장사의 재미를 느낄 수 있었어.

이전까지는 내가 이런저런 아이디어를 내서 가게를 운영해왔다는 사실을 의식해본 적이 없었거든. 그 일을 통해서 스스로 아이디어를 내고 그 실현 방법을 생각하는 게 얼마나 중요한지 잘 알게 됐지. 힘들게 노력해서 특색 있는 가게로 만들었는데, 가게가 좀 안 된다고 해서 유행하는 체인의 경영 세미나에 참석하고 그 가게처럼 변해가는 걸 보면 참 안타까워. 결국 개성을 잃고 다 같은 색으로 물들어버리니까.

이와사와 히로시 다른 사람들이 하지 않는 일을 찾아내는 버릇이 도움이 됐어요. 아버지는 옛날부터 그런 걸 좋아했잖아요. 예전에 카페나 초밥가게를 할 때도, 피자 토스트나 테마키즈시(손에 들고 먹을 수 있도록 고깔 모양으로 말아 만든 초밥-편집자주)처럼 당시에는 사람들에게 생소했던 메뉴에 누구보다 먼저 도전했죠.

라쿠 코퍼레이션을 시작할 때도 그랬어요. 가게에 재즈를 틀고 직원 모두가 요리사처럼 차려입었죠. 그때는 그런 이자카야가 한 곳도 없었어요. 라쿠 코퍼레이션은 오오자라소자이 요리로 유명해졌잖아요. 창업 이후 약 40년이 지난 지금, 큰 접시들은 카운터에서 사라졌지만 라쿠 코퍼레이션은 사라지지 않았어요. 그 이유는 언제나 손님들이 싫증을 내지 않도록 변화를 추구해왔기 때문이라고 생각해요. 아버지도 언제나 "싫증을 내는 일에 싫증을 내서는 안 된다."고 하시죠.

우노 다카시 나는 '작심삼일'이 정말 좋은 말이라고 생각해. 작심삼일로 끝나버리는 일이 3번 정도 반복되면 대부분은 자기 자신에게 실망해버리지. 하지만 아무리 작심삼일이라도 10번 이상 도전하는 녀석은 참 대단하다고 생각하지 않아? 나도 대부분 작심삼일로 끝나버린다고. (웃음)

대상을 이해하고 그걸 자기가 적절히 응용할 수 있다면, 졸업생의 가게뿐 아니라 그 밖의 여러 가게들을 둘러보고 그 장점을 흡수해가면 되는 거야. 그래서 나는 직원들이 독립한 뒤에도 라쿠 코퍼레이션의 메뉴는 얼마든지 그대로 가져다 써도 좋다고 말하고 있어.

독립해서 지금은 살얼음이 언 소주를 팔고 있는 녀석이 있어. 사실 은 소주를 얼려서 내놓는 가게가 있다는 소문을 듣고, 재미있는 가게 라면서 여러 명이 함께 우르르 몰려갔는데, 그게 라쿠 코퍼레이션에 서 독립한 녀석이 하는 가게였던 거야. 예전에 우리 가게에서도 얼린 소주를 판 적이 있거든. 그 녀석은 나름대로 얼린 소주를 마시는 최적 의 방법을 꾸준히 연구해서 결국 자기 가게의 메인 메뉴로 만든 거지.

이 메뉴는 정말 최고라고 생각해. 열심히 연구해서 지방특산 맥주 를 주력상품으로 가게를 시작하는 사람은 많이 봤어. 하지만 소주를 얼려서 내놓는 편이 훨씬 간단하고 손님들도 즐거워하니까 실패의 위 험이 적지. 잘 생각해봐. 설비투자가 필요 없잖아. 무슨 말이 더 필요 하겠어. (웃음)

인터넷 시대의 이자카야란?

우노 다카시 지금 우리가 살고 있는 세상은 인터넷을 통해서 정보를 빠르게 교환하지. 블로그에 가게 메뉴 사진이 고스란히 뜨는 일도 많 아졌잖아. 세상이 참 많이 변했어. 내가 가게를 시작했을 때는 본인 이 직접 발로 뛰지 않으면 정보를 얻을 수 없었는데 말이야. 하지만 이렇게 넘쳐나는 정보가 아이디어 메뉴의 수명을 단축시키고 있지.

　　그렇기 때문에 오히려 사람들은 아날로그적인 과거를 그리워하고 돌아가고 싶어 할 거라고 생각해. 나야 원래부터 평범하고 서민적인 느낌의 이자카야를 좋아했지만, 이런 이자카야가 앞으로 분명히 더 주목받고 인기를 얻게 될 거야. 실제로 얼마 전까지만 해도 아저씨들만 드나들던 가게에 젊은 여자 손님이 늘어나기 시작했잖아. 아무리 열심히 새로운 걸 생각해내도 다음 날이면 새것은 헌것이 돼버리지. 인터넷시대에는 과거에 비해 몇만 배의 속도로 정보가 소비돼버려.

　　하지만 평범한 이자카야는 말이야, 언제나 '새로운 면'을 가지고 있어. 나는 요즘 그 대단함에 새삼 감탄하는 중이야. 전통적인 이자카야라고 하면, 생선회가 있고 꼬치구이가 있고 두부가 있고 야채절임이 있는 곳이잖아. 우리는 그런 이자카야를 열심히 변화시켜왔는데, 그 변화가 이제는 더 이상 재미가 없어진 거 같아. 두부요리 중에서도 흔하디흔한 히야얏코(찬 두부를 간장과 파, 생강 등과 함께 먹는 간단한 요리-편집자주)가 젊은 여자들은 물론 모든 사람들에게 가장 환영받는 메뉴가 된 거지.

　　요리잡지들이 졸임요리나 고로케를 특집으로 다루고 있는 것만 봐도 알 수 있어. 과월호를 모아서 쭉 훑어봐도 역시 고로케나 카레 같은 일상적인 메뉴들의 반복이야. 채소로 밀푀유 같은 요리를 만들어 와서는 "이 메뉴가 잡지의 특집 코너에 실릴 수 있을까요?" 하고 묻는 녀석들이 있어. 그러면 나는 "네가 지금 꼭 배워야 하는 건 정말 맛있는 고로케가 아닐까?"라고 되묻지. 이렇게 생각하면 꼭 배워야 하는 메뉴는 니쿠자가를 포함해서 많아야 10개 정도야.

이와사와 히로시 맞아요. 기본 중의 기본 메뉴를 배우는 게 제일 좋죠. 보슬보슬하게 쪄낸 감자를 마요네즈에 버무리고, 거기에 삶은 달걀을 으깨 넣어서 만드는 심플한 감자 샐러드가 가장 맛있어요. 우리 가게 직원 중에도 감자 샐러드에 다진 고기를 넣는다든가 하면서 새로운 시도를 하는 녀석들이 있는데, 역시 그건 좀 아닌 거 같아요.

우노 다카시 새로운 메뉴를 만들어온 녀석에게 "그 메뉴가 앞으로 10~20년 뒤에도 남아 있을 거 같아?" 하고 물어보면 대부분이 "그럴 거 같진 않아요."라고 대답하더군. 감자 샐러드는 가장 교과서적인 심플한 스타일이 최고야. 혹시 운이 좋아서 깜짝 놀랄 정도로 맛있는 감자 샐러드를 만들었다 해도, 지금 같은 세상에서는 금세 다른 가게들이 따라 해버리지.

　그렇다면 차라리 평범한 감자 샐러드를 만들어서 "손님 이건 덤으로 드리는 겁니다!"라면서 으깬 계란을 듬뿍 얹어주는 편이 손님들과 대화도 할 수 있고 좋지 않을까? 아무리 가도 질리지 않는 가게, 손님들의 사랑을 받는 가게는 그런 가게라고 생각해.

단 한 명의
마음을
살 수 있다면

가세이 신지(加世井眞次)

1949년 도쿄 출생. 츠키지(도쿄의 수산물 도매시장. 일본 최대 규모)의 중개회사에 생선을 넘기는 도매회사에 취직. 그 뒤 가업인 생선가게를 이어받아 라쿠 코퍼레이션을 비롯한 다수의 음식점에 생선을 납품하는 기업으로 성장시켰다. 1983년에는 시모키타자와에 해산물을 전문으로 하는 이자카야 우오신을 오픈했다. 현재는 도쿄 시내에서 10곳의 점포를 운영하고 있다(2013년 9월 기준).

우노 다카시 기억할는지 모르겠는데, 자네는 내가 도쿄의 교도에서 5평짜리 이자카야 쿠이모노야시루베를 막 시작했을 때 조개를 사는 나에게 말을 걸어왔어. "근처에 사세요?"라고.

가세이 신지 조개를 1kg인가 2kg 샀었지.

우노 다카시 그래서 다음 날에도 사러 갔잖아. 역에서 제일 먼 가게였는데도 말이야. 그때 교도에는 생선가게가 7~8곳 정도 있었는데, 자네처럼 나에게 말을 걸어주는 가게가 한 곳도 없었지. 자연스럽게 손님과 일상적인 대화를 주고받는 곳이 없었던 거야. 우리 가게는 서비스의 중심이 바로 대화였는데.

가세이 신지 계속해서 비슷한 양의 조개를 샀기 때문에 이 사람은 장사를 하는 사람이 틀림없다고 생각했어. 그때는 내가 막 가업을 이어받아서 생선가게를 시작했을 때였는데, 전처럼 일반적인 손님들만을 대상으로 해서는 가게의 미래가 없다고 봤거든. 가정에서 소비하는 생선의 양이 급격히 줄어들던 시기였고, 젊은 사람들은 재래시장이 아니라 슈퍼마켓에 장을 보러 갔지. 그래서 음식점을 상대로 장사를 시작하려던 참이었어. 역 앞에 있는 가게들을 돌면서 거래처를 찾아봤지만 일이 좀처럼 잘 풀리지 않더군. 그때 자네를 만난 거야. 그래서 "혹시 가게 하세요?"라고 물어봤지.

우노 다카시 맞아 그랬어. 정어리 한 마리도 손질해준다고 하지 뭐야. 그 말을 듣고는 "정말이요? 잘됐다!" 하면서 기뻐하는 나한테 가게는 어디냐고 물어봤지. 내가 누구한테 가게가 어디냐고 물어볼 때는 그 가게에 관심이 있기 때문이야. 그래서 당장이라도 가게에 가보는 편인데, 자네도 바로 그날 저녁에 부인과 함께 내 가게를 찾아왔어.

가세이 신지 아주 즐거운 시간을 보냈던 기억이 나. 주인과 아르바이트생 2명, 카운터에 자리가 10석 정도밖에 없는 작은 가게였는데, 가게 주인이 손님들과 함께 어울리면서 분위기를 띄우고 있었어. 말도 얼마나 재미있게 하던지. 그때까지 내가 알고 있던 음식점들은 손님과 직원들 사이에 확실히 선이 그어져 있어서, 자네 가게는 꽤 신선한 충격이었어. 그래서 결국 일주일에 몇 번이나 찾아가는 단골이 돼버렸지.

우노 다카시 처음에는 자네 생선가게에서 정어리를 10마리 정도 샀는데, 시간이 지나면서 300마리 정도로 늘어났어. 우리 가게는 자네 가게의 정어리와 함께 성장해온 거라고 볼 수 있지. (웃음)

가세이 신지 나는 자네에게 "음식점을 하는 친구가 있으면 소개해주세요." 하고 부탁했어. 그래서 생선을 사주는 가게가 10곳으로 늘어나고 그 뒤로도 점점 많아져서 지금은 300곳이 넘어. 자네를 알게 되는 계기였던 정어리와 조개는 지금도 우리 생선가게의 주력상품이야.

우노 다카시 혹시 정어리 손질에 질려버린 거 아냐? (웃음)

가세이 신지 자네를 알게 된 뒤로 가게를 많이 보러 다녔어. 그 시절의 이자카야는 제대로 된 생선을 파는 가게가 거의 없었잖아. 모둠회라고 파는 것들도 다 똑같았어. 냉동 참치, 냉동 오징어, 새우, 양식 방어가 전부였어. 일 년 내내 제철 생선은 찾아볼 수도 없었지.

그런데 겨우 그 정도의 모둠회를 가격이 저렴한 체인점에서도 한 접시에 1,200엔에서 1,500엔 정도로 제법 비싸게 팔고 있더라고. 그걸 보면서 '제철 생선을 싸게 팔면 손님들이 좋아하지 않을까? 나도 가게를 한번 해볼까?' 하고 생각하게 됐지. 생선은 계절에 따라 잡히는 종류가 바뀌니까 이것저것 메뉴를 고민할 필요도 없거든. (웃음) 가게를 내기 전에 자네에게 상의를 했는데, 내 얘기를 듣더니 "괜찮은 생각이긴 하지만 무리는 하지 않는 게 좋아."라고 충고해줬어. 덕분에 지금은 가게 10곳을 운영하게 됐지.

우노 다카시 자네에게는 생선가게를 하면서 쌓아온 기술과 지식이 있잖아. 생선가게 주인이 운영하는 이자카야라면 손님들은 큰 관심을 가질 거야. 굳이 이런저런 광고를 할 필요도 없어. 가게 분위기 하나로 밀어붙이는 우리에게는 위협적인 라이벌이지만 말이야. (웃음) 자네는 거의 매일 부인과 둘이서 고객의 가게에 가서 식사를 하지. 하루에 한 곳씩 좋은 가게를 꾸준히 찾고 있는 셈이야. 만약 어떤 가게가 생선의 맛을 충분히 살리지 못하고 있으면 "이 생선은 이렇게 요리하는 게 좋을 거 같아요." 하고 제안하기도 하지. 정말 고마운 일이야.

가세이 신지 우리 가게는 생선에 대해서라면 얼마든지 자신이 있지만, 역시 서비스 면에서는 라쿠 코퍼레이션을 이길 수 없어. 그래서 직원들이 손님을 어떻게 대하면 좋을지 모르겠다고 말할 때는 라쿠 코퍼레이션을 보고 오라고 해. 내가 말로 설명하는 것보다 직접 가서 보고 느끼는 편이 훨씬 설득력이 있으니까. 가게 직원 중에 생선회 파는 일을 하고 있으면서도 지저분하게 수염을 기르는 녀석이 있어. 라쿠 코퍼레이션은 가볍게 한잔할 수 있는 편안한 분위기의 가게지만, 직원들의 복장이나 외모는 철저하게 관리하잖아.

요리 솜씨가 중요하다고 얘기하는 사람들도 있지만, 나는 라쿠 코퍼레이션에서 파는 두툼한 생선회를 좋아해. 정어리도 포를 뜬 생선살을 다시 얇게 잘라내는 것보다는 그냥 두껍게 자르는 편이 씹는 맛이 살아 있지. 게다가 얇게 회를 뜨는 데는 기술이 필요하기 때문에 시간도 많이 걸려. 그럴 실력이 없는데도 굳이 얇게 회를 떠서 파는 가게를 보면, 왜 저렇게 시간을 들여서 안 팔리는 음식을 만들고 있는지 이해할 수가 없어.

요즘 젊은 친구들은 무슨 일을 하더라도 멋있어 보이고 싶어 해. 예전에 우리 생선가게에서 회전 초밥집을 운영했는데, 기계로 밥을 찍어내고 그 위에 생선회를 얹어서 초밥을 만드는 곳이었어. 제대로 된 전문점에서는 보통 8~10년 정도 경력을 쌓아야 겨우 손님에게 초밥을 대접할 수 있는데, 우리 가게가 그런 전문점을 이길 수는 없잖아. 그래서 우리 가게는 기계로 만드는 초밥이라도 괜찮다고 생각했어. 하지만 지금은 직원이 손으로 직접 만들어서 내놓고 있어.

나는 우리 가게가 나아갈 다음 단계에 대한 힌트가 라쿠 코퍼레이션에 있다고 봐. 자네는 요식업계에서 자그마치 50년의 세월을 현역으로 뛰고 있잖아.

우노 다카시 자네와 나는 서로 많은 걸 배우면서 지내온 거 같아. 점심에 자네 가게에 들리면, 가게 안쪽에서 아버지나 어머니가 잠깐 앉았다 가라며 말을 걸어오곤 했지. "마침 국수를 삶으려던 참이니까 먹고 가."라면서 말이야. 당시는 거품경제가 시작되던 때라서 각박한 시절이었어. 사람과 사람 사이의 정 같은 건 점차 사라져가던 때였지. 그래선지 자네는 나에게 많은 영향을 끼쳤어. 한 사람 한 사람, 고객과의 커뮤니케이션을 중요하게 생각하는 마음이 내 장사의 밑거름이 됐거든. 자네 부인도 마음 씀씀이가 아주 넉넉해. 입으로는 바쁘다 바쁘다 투덜거리면서도, "점심에 손님들이 오니까 어쩔 수 없어." 하고 웃으면서 고로케 20인분을 준비하잖아. 사실 아직도 가끔 점심 얻어 먹으러 가기도 하는걸.

가세이 신지 내일도 우리 집에서 점심 먹는 건가? (웃음)

2013년 8월 도쿄 교도의 라쿠 코퍼레이션에서

가게가 아니라
사람이
명물이 되어야 한다

사람들은 나를 '장사의 신'이라고 부르지만, 수십 년 동안 장사를 해오면서 이름을 알리고 싶었던 적은 한 번도 없었어. 그저 손대는 가게마다 장사가 잘된 덕분에 '장사의 신'이라는 과분한 호칭을 얻게 됐지. 게다가 내 밑에서 독립한 녀석들이 수백 명을 넘어서다 보니, 장사 잘하는 법을 배우고 싶다며 나를 찾아오는 사람들도 많아졌지 뭐야.

하지만 나는 '장사의 신'이 아냐. 다만 수십 곳의 가게를 운영하는 동안 단 한 번도 실패할 거라고 생각한 적이 없을 뿐이야. 나는 '신'이 되기보다는, 꿈을 현실로 만드는 사람이 되고 싶어. 가난하지만 장사로 성공하고 싶은 사람들이 어려움 없이 자기 가게를 꾸려갈 수 있도록 말이야.

돈이 없는데 어떻게 장사를 하느냐고? 장사는 처음부터 끝까지 '사람'이 하는 일이야. 초기 자금이야 어느 정도 필요하겠지만 돈이 많지 않아도 얼마든지 성공할 수 있어. 가게의 입지보다 중요한 건 손님을 끌어들이는 매력이야. 내가 인적이 드문 곳에서 가게를 시작한 이유 중 하나도, 적은 돈으로도 장사를 할 수 있다는 걸 보여주고 싶어서지.

요즘 장사를 하려는 사람들을 보면, 다들 손님을 끌어들이기 위해서 얼마나 돈을 많이 들일지만 고민하는 거 같아. 물론 돈을 많이 쓰는 게 무조건 나쁘다는 건 아냐. 하지만 중요한 건 사람들에게 이야깃거리를 만들어주는 거야. 이야깃거리가 있어야 누군가를 데려가고 싶은 마음이 들잖아. 생각해봐. 맘에 드는 이성이 있어서 분위기 좋은 가게에 가자고 나섰는데, 누구나 다 아는 곳이거나 번화가 한복판에서 한 번은 봤음직한 곳이라면 상대가 흥미를 느낄까? 아마 별다른 매력을 못 느낄걸.

거꾸로 가게라고는 하나도 없는, 사무실하고 회사들만 모여 있는 조용한 지역에 데리고 갔는데 활기가 넘치고 사람들이 북적대는 가게가 짠 하고 나타나면 어떨까? 겉은 평범한 사무실처럼 생겨서 작은 간판 하나 달랑 걸려 있는데 내부는 멋진 분위기의 와인바라니, 누구라도 반전의 매력을 느끼지 않겠어? 자연히 이야깃거리가 되지.

우리 가게에서 모든 직원이 명찰을 달고 있는 것도 마찬가지야. 명찰에는 출신지와 이름이 쓰여 있는데, 직원과 손님이 친해질 수 있는 결정적인 계기가 돼. 일면식도 없고 아무런 상관도 없는 사람이지만, 고향이 같다거나 이름이 비슷하다면 한 번 더 눈길이 가지 않을까?

사람들의 왕래가 적은 곳에 가게를 내는 게 처음부터 쉬웠던 건 아냐. 당연히 어려움도 있었지. 반년 정도는 손님이 없어서 가게를 유지하기도 버거웠으니까. 그래도 실패하지 않을 수 있었던 건, 한 번 온 손님이 또 다른 친구들을 데려와 주었기 때문이야. 이야깃거리를 만들 수 있다면, 그래서 손님이 손님을 몰고 올 수만 있다면, 외진 가게의 절반은 성공했다고 봐도 좋아.

우리 가게 중에 주상복합건물 1층에 위치한 곳이 있는데, 그 가게의 건물 앞도 아니고 뒤쪽에 붙어 있어. 찾기도 쉽지 않고 입구는 고개를 숙여야 들어갈 수 있을 만큼 낮아서 조금만 방심하면 머리가 부딪힐 정도지. 간혹 불편해하는 손님도 있지만, 어째서 문이 낮은지를 알려주면 그 자체가 이야깃거리가 되곤 해. 아무리 높은 사람이라도, 똑똑한 사람이라도 고개를 숙이고 들어오라는 의미에서 문을 낮게 했는데, 찾아오기 힘들고 불편할수록 화제가 되더라고.

나는 가게를 차리려는 직원들에게 반드시 자기 '사정'에 맞는 장소를 고른 후에 인테리어를 하라고 당부하지. 그래야 '돈'에 기대지 않고 자꾸 새로운 걸 고민하게 되거든. 우리 직원이 하는 가게 중에 이탈리아어로 '친친'이라는 가게가 있는데, 역시 시부야 번화가에서 한참을 가야 나오는 후미진 골목에 위치해 있어. 크기는 작지만 독특한 분위기인데, 건물을 지을 때 쓰는 자재들 중에서 정말 싼 것들만 골라서 인테리어를 한 가게지. 와인잔을 거꾸로 달아서 샹들리에를 만드는 등 여러 가지 아이디어로 승부를 걸고 있어.

나는 위치가 안 좋은 가게라도, 돈을 많이 들이지 않은 가게라도 얼마든지 잘될 수 있다는 확신을 갖고 있어. 어떤 조건에서든 '나만의 드라마를 쓸 거야, 나는 주인공이 될 거야.'라고 마음먹으면 못할 일이 없어. 모든 게 그렇지만 장사를 잘하려면 무엇보다 자신감이 중요해. 장사는 내가 아니면 할 수 없는 일이 아니라, 나도 할 수 있는 일이 되어야 해. 남들보다 제일 많이 노력하고 재능 있는 사람들만 장사를 할 수 있다면 얼마나 재미가 없겠어.

메뉴를 개발할 때도 마찬가지야. 나는 요리를 제일 못하는 사람들의 눈높이에 맞춰서 메뉴를 정하는 편이야. 그래야 누구나 즐겁게 할 수 있잖아. 내가 즐기지 못하면 손님도 즐기지 못하는 법이야. 장사를 하려면 간도 쓸개도 빼놓으라고 말하는 사람들이 있는데, 전혀 그럴 필요 없어. 그렇게 한다면 당장은 장사가 잘될지 몰라도 계속해서 장사가 잘되진 않을 거야. 즐기지 못하면 사람은 지치게 되어 있거든.

생각해봐. 돈을 많이 쓴다고 '한국에서 가장 맛있는 가게'가 될 수 있을까? 하지만 마음만 먹으면 얼마든지 '가장 즐거운 가게'는 될 수 있어. 5초면 가능하다고!

　나와 일하던 녀석들 중에 몇 번이나 망했던 가게를 살려놓은 친구가 하나 있어. 그 가게는 손님도 직원도 항상 축제처럼 들뜬 분위기야. 그 친구는 계란말이 하나를 만들어도 '쇼'로 만드는 능력이 있는데, 그런 능력이 가게를 유명하게 만들었지. 손님은 가게를 보고 오는게 아니라, 사람을 보고 오게 되어 있어. 가게가 아니라 사람이 명물이 되어야 해. 나와 함께 일한 친구들은 나를 아버지라 부르지만, 정작 나는 그들에게 뭔가를 가르친 기억이 없어. 세상 물정에 대해서도, 장사에 대해서도 특별하게 가르쳐주지 않아. 그냥 네 방식대로 해라, 항상 너답게 하면 된다고 말하지. 그게 다야.

　특별히 뭔가를 가르쳐주는 건 아니지만, 목이 안 좋은 장소에서 일을 배우기 때문에 저절로 지혜가 생겨. 오가는 사람이 많아서 이렇다 할 고민을 하지 않아도 장사가 잘되는 가게에서는, 즉 편하게 돈을 버는 가게에서는 절대 배우지 못하는 것들을 배울 수 있지.

　별다른 자본이 없어도 가게를 꾸려나가는 또 다른 힘은 바로 '단골손님'이야. 나와 일하는 직원들은 모두 장사를 배워서 자기 가게를 차리려는 목표를 갖고 있어. 자기의 꿈을 이루려고 필사적으로 노력하는 친구들이지. 그래서인지 단골손님을 만들겠다는 의지가 누구보다 강해. 그렇게 생각하면 일에 임하는 태도 자체가 달라져. 요리를 할 때도 손님을 먼저 생각하게 돼. 내가 하는 가게, 그러니까 '이자카야'라는 곳은 맛도 중요하지만 요리의 스피드가 생명이야. 주문과 동시에 요리를 신속하게 만들지. 손님들은 빨리 먹어서 좋고, 가게 입장에서는 회전율이 높아서 좋고. 그런 걸 전부 생각하고 일하게 되는 거야.

손님과 대화를 나눌 때도 마찬가지야. 단골손님을 만들려면 재미있는 대화를 이어가는 게 가장 중요해. 맥주를 큰 병으로 주문하면 왜 작은 병으로 안 시키는지 물어봐야지. 무조건 "네." 하고 대답하지 말고. 어떤 내용이라도 좋으니 즐겁게 대화를 이어가야 손님과 서로 친해지고 분위기도 좋아져.

오늘부터 당장 출근하자마자 손님들이 무얼 원하는지 잘 살펴봐. 별다른 게 아니라도 좋아. 손님들은 많은 걸 바라지 않아. 예를 들면 청소는 열심히 하는데 간혹 놓치는 곳들이 있거든. 잘 보이지 않는 테이블의 옆면, 메뉴판 꽂이 등에 쌓인 먼지들을 닦아봐.

손님들을 대할 때도 마찬가지야. 대단한 서비스보다 사소한 것에 감동하는 게 사람이야. 내가 직원들에게 반드시 강조하는 게 두 가지 있는데, 하나는 손님이 들어오는 모습을 똑바로 보면서 인사하는 것과 손님이 나갈 때 따라 나가서 인사하는 거야. 진짜 친구처럼 얘기하고 진심으로 인사를 전해봐. 마지막까지 마음속에 여운을 남기면 손님은 분명 다시 찾아오게 되어 있어.

몇 번이고 말하지만, 장사는 결코 어려운 일이 아냐. 자신감을 갖고 '장사는 내 것이다, 절대 실패하지 않는다, 손님과 친구가 되겠다, 한

번 온 손님은 절대로 놓치지 않는다.'고 생각해봐. 그것만 지키면 돼.

　너무 쉽게 말하는 거 아니냐고? 어차피 만점짜리 인생은 없어. 설령 만점짜리 인생이 있다 해도 그러면 너무 지루하잖아. 만점은 받을 수 없다는 자세로 그냥 즐기면 되는 거야. 장사하는 것과 사는 것은 마찬가지야. 주어진 시간에 무언가를 해나가는 거잖아. 그러니 장사도 인생도 당연히 즐거워야 하지 않을까? 그런 마음으로 장사를 즐겨봐. 그래도 어렵다면 어떻게 하냐고? 나를 찾아와. 내가 가르쳐줄 테니까. 하하.

라쿠 코퍼레이션 사장, 우노 다카시

'장사의 신' 우노 다카시가 운영하는 이자카야들

－2014년 7월 (주)라쿠코퍼레이션 제공

(상호, 주소, 위치, 전화번호, 영업시간 순)

1. **구이모노야라쿠 교도 본점** くいものや楽 経堂本店

   도쿄 세타가야구 교도 東京都世田谷区経堂 2-19-10 〒156-0052 | 오다큐선 교도역 북쪽 출구 도보 5분 | 03-3427-5611 | 월~일 17 : 30~24 : 00

2. **시루베에 시모키타자와점** 汁べゑ 下北沢店

   도쿄 세타가야구 기타자와 東京都世田谷区下北沢 2-18-2 파인클레스트 기타자와 1층 〒155-0031 | 오다큐선 시모기타자와역 남쪽 출구 도보 3분, 게이오 이노카시라선 시모키타자와역 남쪽 출구 도보 3분 | 03-3413-3785 | 월~목, 일요일 17 : 30~24 : 00 | 금~토 17 : 30~익일 2 : 00

3. **도쿄와인클럽라쿠 시부야점** 東京ワインクラブ楽 渋谷店

   도쿄 시부야구 도겐자카 東京都渋谷区道玄坂 1-15-3 프리메라 도겐자카 1층 〒150-0043 | JR시부야역 하치공 출구 도보 5분, 게이오 이노카시라선 시부야역 아베뉴 출구 도보 1분 | 03-3463-5792 | 월~일 17 : 30~23 : 30

4. **비스트로 산주고단야** ビストロ三十五段屋

도쿄 시부야구 마루야마쵸 東京都渋谷区円山町 시부야시티호텔 지하 1층 〒 150-0044 | JR 시부야역 하치공 출구 도보 8분, 게이오 이노카시라선 시부야역 도보 5분 | 03-3770-9835 | 월~일 17 : 30~23 : 30

5. **이노카시라 시루베에점** 井の頭汁べゑ店

도쿄 무사시노시 기치죠지 미나미마치 東京都武蔵野市吉祥寺南町 1-15-14 그 랑메종 지하 1층 〒180-0003 | JR 중앙선 기치죠지역 공원출구 도보 3분, JR소부선 기치조지역 공원출구 도보 3분 | 0422-46-6691 | 월~ 일 17 : 30~24 : 00

6. **시루베에 시부야점** 汁べゑ 渋谷店

도쿄 시부야구 진난 東京都渋谷区神南 1-11-5 다이네스 로반칸 별관 2층 〒 150-0041 | JR 시부야역 하치공 출구 도보 5분, 게이오 이노카시라선 시 부야 역 마크시티 출구 도보 5분 | 03-3463-1010 | 월~일 17 : 30~23 : 30

7. **챕스틱카페 시루베에 시부야점** Chopstick cafe 汁べゑ 渋谷店

도쿄 시부야구 도겐자카 1-21-6 난펜다이도큐 빌딩 지하 1층 〒150-0043 | JR 시부야역 하치공 출구 도보 10분, 게이오 이노카시라선 시부 야역 마크시티 도겐자카 출구 도보 4분 | 03-5784-6484 | 월~일 17 : 30~23 : 30

8. **베에S 바 도라타쓰 산겐자야점** べゑS BAR 虎龍 三軒茶屋店

도쿄 세타가야구 산겐자야 東京都世田谷区三軒茶屋 2-14-20 〒154-0024 | 도큐세타가야선 산겐자야역 도보 1분, 덴엔토시센 산겐자야역 도보 1분 | 03-3419-5322 | 월~일 17 : 30~익일 2 : 00

9. 베에S 바 도라타쓰 시모키타자와점 ベゑS BAR 虎龍 下北沢店

도쿄 세타가야구 다이자와 東京都世田谷区代沢 5-32-3 아쿠아 시모키타 101
〒155-0032 | 오타큐오다와라선 시모키타자와역 남쪽 출구 도보 3분,
게이오 이노카시라선 시모키타자와역 도보 3분 | 03-3414-9919 | 월
~일 17 : 00~익일 2 : 00

10. 친친 椿々

도쿄 신주쿠구 쓰쿠도하치만쵸 東京都新宿区筑土八幡町 5-12 〒162-0815 |
JR 이다바시역 동쪽 출구 도보 6분 | 03-5261-9327 | 월~일 디너
17 : 30~24 : 00

11. 사카바 에비스도 リカバゑびす堂

도쿄 시부야구 에비스 미나미 東京都渋谷区恵比寿南 2-1-5 긴자 보그 빌딩 1층
〒150-0022 | JR 에비스역 남쪽 출구 도보 5분, 지하철 히비야선 에비
스역 5번 출구 도보 2분 | 03-5722-2889 | 월~일 디너 17 : 30~ 익일
1 : 00

12. 도쿄와인식당 라쿠 東京ワイン食堂・楽

도쿄 미나토구 롯폰기 東京都港区六本木 7-6-2 롯폰기 MK 아트 레지던스
〒106-0032 | 지하철 히비야선 롯본기역 도보 6분, 지하철 치요다선
노기자카역 도보 6분 | 03-5770-3900 | 월~일 디너 17 : 30~24 : 00

13. 라쿠친 楽椿

도쿄 시부야구 마루야마쵸 東京都渋谷区円山町 23-10 시부야 AT 빌딩 1층
〒150-0044 | 게이오 이노카시라선 신센역 남쪽 출구 도보 2분 | 03-
3462-7425 | 월~금 17 : 00~익일 1 : 00, 토 17 : 00~23 : 30, 일요일・
휴일 17 : 00~23 : 00

14. 도쿄 코켁코코 본포 아사가야점 東京コケコッコ本舗 阿佐ヶ谷店

도쿄 스기나미구 아사가야미나미 東京都杉並区阿佐ヶ谷南 3-38-31 시나바 빌딩 1층 〒166-0004 | JR 중앙선 아사가야역 도보 2분 | 03-3220-7922 | 월~일 16 : 00~18 : 00, 18 : 00~24 : 00

15. 만마야 시루베에 마치다점 まんま屋 汁べゑ 原町田店

도쿄 마치다시 하라마치다 東京都町田市原町田 4-5-12 | 오다큐선 마치다역 도보 5분, JR 요코하마선 마치다역 도보 5분 | 042-727-3320 | 17 : 30~24 : 00

16. 시루베에 汁べゑ 2층 시모기타자와점

도쿄 세타가와구 기타자와 東京都世田谷区北沢 2-18-2 파인 클레스트 기타자와 2층 〒155-0031 | 오다큐 오다와라선 시모키타자와역 남쪽 출구 도보 3분, 게이오 이노카시라선 시모키타자와역 남쪽 출구 도보 3분 | 03-3487-2911 | 월~일 17 : 30~24 : 00

17. 챕스틱카페 시루베 마치다점

도쿄 마치다시 하라마치다 4-7-14 린즈원 빌딩 지하 1층 | 오다큐선 마치다역 도보 7분, JR 요코하마선 마치다역 도보 1분 | 042-726-4548 | 디너 17 : 30~24 : 00

장사의 신
우노 다카시 지음 | 김문정 옮김 | 14,000원

일본 요식업계의 전설이자 '장사의 신' 우노 다카시. 그는 커피숍의 매니저로 시작해, 200명이 넘는 자신의 직원들을 성공한 이자카야의 사장으로 만든 주인공이다. 부동산에서 가게 입지 선정하는 법, 백발백중 성공하는 메뉴 만드는 법, 올바른 접객 비법까지… 오랜 내공으로 다져진 그의 남다른 '장사의 도'를 낱낱이 전수받는다!

팔지 마라, 사게 하라
장문정 지음 | 18,000원

바보는 고객을 유혹하려 하지만, 선수는 고객이 스스로 선택하게 만든다! 끊임없이 고객의 마음을 읽고 반응해야 하는 설득의 최전선, 치열한 마케팅 전쟁터에서 살아남기 위해 반드시 습득해야 할 '장문정식' 영업전술 교본. 공격적이고 군더더기 없는 설명으로 마케팅과 세일즈의 핵심을 통쾌하게 파헤친다.

사장의 일
하바구치 다카노리 지음 | 김하경 옮김 | 15,000원

사장이 흔들리면 회사가 흔들린다! 사장은 직원의 생계와 미래를 모두 책임져야 하는 막중한 자리다. 이 책은 사장이라면 마땅히 품어야 할 사명과 더불어, 책임을 현명하게 감당하게 해줄 지혜의 말을 담고 있다. 현역 사장에게는 조직의 앞날을 내다볼 통찰이, 사장이나 리더를 꿈꾸는 이들에게는 사장으로 거듭날 계기가 되어줄 것이다.

답을 내는 조직
김성호 지음 | 15,000원

《일본전산 이야기》의 저자가 4년 만에 내놓은 후속작. 지금 우리에게 필요한 것은 돈도, 기술도, 자원도 아닌, 기필코 답을 찾겠다는 구성원들의 살아 있는 정신이다. 이 책은 어떻게 하면 답을 찾는 인재가 될 수 있는지 크고 작은 기업들의 사례를 통해 속 시원히 밝힌다. (추천 : 잠들었던 의식을 일깨우고 치열함을 되살리고 싶은 모든 이들)

모든 비즈니스는 브랜딩이다
홍성태 지음 | 18,000원

브랜딩은 더 이상 마케팅의 전유물이 아니다! 이 책은 살아남은 브랜드와 잊혀져가는 브랜드의 사례를 토대로, 브랜드 컨셉을 어떻게 기업의 문화로, 가치로 녹여낼 수 있는지를 쉽고 친근하게 설명한다. 브랜딩이 단순한 마케팅 기법이 아니라 경영의 핵심임을 일깨워주는 책. (추천 : 마케팅 담당자뿐 아니라 모든 부서의 직원들을 위한 책)

한국형 장사의 신

김유진 지음 | 15,000원

김유진은 "장사만큼 쉬운 건 없다!"고 잘라 말한다. 그도 그럴 것이 그가 성공시킨 식당만도 200곳이 넘는다. 평범한 아이템도 그가 생각하면 특별해지고, 후미진 골목집도 대박집으로 바꾸는 신기한 재주가 있다. 때로는 엉뚱하게, 때로는 기발하게, 그가 '썰'을 풀면 그대로 '가문의 비법'이 되고, 절대 망할 수 없는 '장사 비기'가 된다!

인생에 변명하지 마라

이영석 지음 | 14,000원

쥐뿔도 없이 시작해 절박함 하나로 대한민국 야채가게를 제패한 '총각네 야채가게' 이영석 대표. '가난하게 태어난 건 죄가 아니지만 가난하게 사는 건 죄다, 똥개로 태어나도 진돗개처럼 살아라, 성공하고 싶다면 먼저 대가를 치러라…' 비록 맨주먹이지만 빌빌대며 살지 않겠다고 다짐한 이들에게 바치는 성공 마인드!

7분간의 기적

오세웅 지음 | 15,000원

하버드가 주목한 일본 텟세이 사의 성공 스토리! 이 책은 작은 청소회사에 불과하던 텟세이가 세계적인 롤모델 기업으로 거듭날 수 있었던 비결을 소개한다. 관료적 조직문화와 탁상행정에 매몰된 한국사회에 던지는 현장 혁신의 교과서!(추천: 우리 사회에서 쉽게 경시되는 '현장'의 잠재력과 그 본질적인 가치를 확인하고 싶은 조직과 구성원들)

여기에 당신의 욕망이 보인다

송길영 지음 | 15,000원

미래는 현재의 욕망에 이미 존재한다. 욕망을 이해하면 미래를 알 수 있다! 이 책은 트렌드 예측의 핵으로 떠오른 빅 데이터(big data)를 통해 사람들의 욕망을 이해하고 미래에 대비하는 방법을 국내기업의 실제 분석사례 20여 건과 함께 보여준다. (추천: 고객의 생생한 목소리를 듣고 싶은 기업들, 시장과 사회의 변화 흐름을 읽고자 하는 이들)

근성 : 같은 운명, 다른 태도

조서환 지음 | 15,000원

일과 인생, 운명의 주인으로 살게 하는 단 하나의 키워드, 근성! 아무리 완벽한 아이디어와 계획도 근성 없이는 실행될 수 없다. 긴장감을 잃고 늘어진 마인드로는 원하는 삶을 살 수 없다. 성공은 운명이 아니라 태도가 만든다. 지금 위기라 느끼는 이들, 새로운 동기부여가 필요한 이들에게 주는 '마케팅의 살아 있는 전설' 조서환의 메시지!

일러두기

1. 이 책은 일본의 외식시장 트렌드를 반영하는 인기 잡지 〈닛케이 레스토랑〉에 저자가 2011년 1월
   호부터 2013년 9월호까지 연재한 '우노 다카시가 알려주는 작은 가게 잘되는 법'을 가필, 수정,
   추가하여 출간한 책입니다.
2. 이 책에서는 일본의 화폐인 '엔'화를 그대로 표기하였습니다. 2014년 7월을 기준으로 100엔은 약
   1,005원입니다.

장사의 신 실천편

2014년 8월 5일 초판 1쇄 | 2023년 7월 7일 18쇄 발행

지은이 우노 다카시
옮긴이 김영주
펴낸이 박시형, 최세현

마케팅 양근모, 권금숙, 양근모, 양봉호, 이주형 **온라인마케팅** 신하은, 현나래
디지털콘텐츠 김명래, 최은정, 김혜정, 서유정 **해외기획** 우정민, 배혜림
경영지원 홍성택, 김현우, 강신우 **제작** 이진영
펴낸곳 (주)쌤앤파커스 **출판신고** 2006년 9월 25일 제406-2006-000210호
주소 서울시 마포구 월드컵북로 396 누리꿈스퀘어 비즈니스타워 18층
전화 02-6712-9800 **팩스** 02-6712-9810 **이메일** info@smpk.kr

ⓒ 우노 다카시 (저작권자와 맺은 특약에 따라 검인을 생략합니다)
ISBN 978-89-6570-223-8 (03320)

쌤앤파커스(Sam&Parkers)는 독자 여러분의 책에 관한 아이디어와 원고 투고를 설레는 마음으로 기다리고 있습
니다. 책으로 엮기를 원하는 아이디어가 있으신 분은 이메일 book@smpk.kr로 간단한 개요와 취지, 연락처 등
을 보내주세요. 머뭇거리지 말고 문을 두드리세요. 길이 열립니다.